かわいい発見ガイドブック

ZAKKAな大阪

ZAKKAな大阪へようこそ！

大阪ってどんなイメージ？

お笑い、たこ焼き、かに道楽、ヒョウ柄のおばちゃん（笑）

みんなが思う大阪はガヤガヤしていて

ちょっぴり怖い街に映っているかもしれません

大阪に住む人はお笑いもたこ焼きも大好き！

でもね、それだけじゃない

“かわいい”魅力がギュッと詰まった街なんです

世界中を旅してきて、ふと思ったこと

パリと大阪はどこか似ているのではないかしら？

中之島はセーヌ川に浮かぶシテ島

通天閣はエッフェル塔

靱公園はリュクサンブール公園

それから、それから、それから

ほら、どんどん“かわいい”街に見えていく

パリみたいなかわいい大阪をもっと知って欲しい
そう願う『tapie style』のスタッフと
ほかにはない、大阪だけの“かわいい”を
たくさん集めました
それが、この「ZAKKAな大阪」なのです

“ZAKKA”＝“雑貨”

雑貨のイメージは、こちゃっと

“かわいい”が集まっている感じ

その“かわいい”ワールドが

まさに大阪の街そのもの

さぁ、この本を片手に
あなただけの
“ZAKKAな大阪”を
探しに出掛けましょう

CONTENS

ZAKKAなエリアを
歩いてみよう
大阪全
MAP
009 | 梅田芸術劇場（P19）
012 | ライブハウス シャングリ・ラ（P19）
中崎町エリア
（P72-81）
010 | NOON（P19）
014 | 天満市場（P23）
西天満エリア
（P90-96）
121 | 天満天神繁昌亭（P97）
北浜エリア
（P82-88）
148 | 堂島ホテル（P116）
靭公園エリア
（P52-64）
018 | Antique Fabric Pinks
大阪店（メリヤス会館 2F/P25）
021 | Paolo bottoni 大阪本社ショールーム（P25）
新町エリア
（P66-71）
松屋町・谷町エリア
（P98-106）
026 | 丸山雄進堂（P25）
南船場エリア
（P28-41）
日本橋エリア
（P108-114）
堀江エリア
（P42-51）
002 | 生國魂神社（P13）
150 | ホテルイルクォーレなんば（P116）
005 | 住吉大社（P13）
001 | 四天王寺（P13）
004 | 四天王寺庚申堂（P13）
天神橋筋六丁目
地下鉄谷町線
天神橋筋
天満
扇町
扇町公園
梅田
大阪
西梅田
東梅田
中崎町
桜ノ宮
JR大阪環状線
天満橋筋
R1
南森町
大阪天満宮
京橋
大阪城北詰
北新地
JR東西線
福島
新福島
R2
淀屋橋
京阪本線
寝屋川
大阪ビジネスパーク
北浜
中之島公園
天満橋
大阪城
肥後橋
土佐堀通
靭公園
地下鉄四つ橋線
阪神高速1号環状線
御堂筋
地下鉄堺筋線
松屋町筋
地下鉄谷町線
R172
本町通
本町
堺筋本町
阿波座
中央大通
谷町四丁目
阪神高速13号東大阪線
難波宮跡
R25
地下鉄御堂筋線
新なにわ筋
あみだ池筋
なにわ筋
堺筋
谷町筋
上町筋
R308
地下鉄長堀鶴見緑地線
西長堀
西大橋
四ツ橋
心斎橋
長堀通
長堀橋
谷町六丁目
玉造
真田山公園
桜川
千日前通
汐見橋
阪神高速15号堺線
難波
なんば
日本橋
谷町九丁目
地下鉄千日前線
上本町
鶴橋
大浪通
南海本線
阪堺電軌上町線
阪堺電軌阪堺線
住吉公園
住吉大社駅
住吉公園駅
大和川
四天王寺前夕陽ケ丘
恵美須町
大国町
R26
阪神高速14号松原線
天王寺公園
桃谷

とっても便利！どこでも行けちゃう

大阪 ACCESS MAP

この本のデータの見方

［例］

027 | tapie style

タピエスタイル/雑貨　MAP P31

大阪市中央区南船場4-4-17　HS南船場BLD.B1F
☎06-4963-7450　12:30～19:30　不定休　地下鉄御堂筋線・長堀鶴見緑地線心斎橋駅③出口より徒歩3分　www5f.biglobe.ne.jp/~tapie/

❶ アイコン
- レストランやカフェ
- 楽しむ
- ショッピング
- 泊まる

❷ 店名

❸ フリガナ

❹ ジャンル

❺ MAPのあるページ

❻ データ | 住所 → 電話番号 → 営業時間 → 定休日 → 交通 → URL

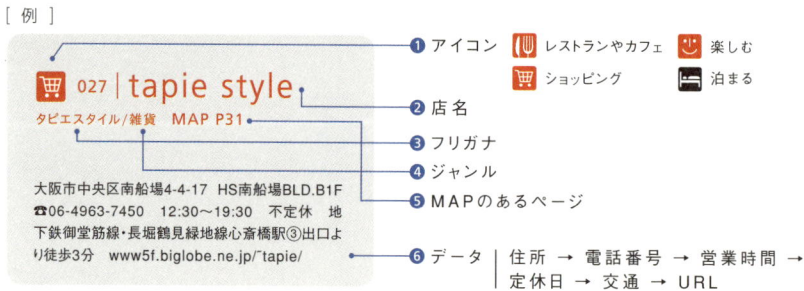

大阪の道案内

1 キタとミナミ

一般的に中央大通りを境に市内を南北に分け、「キタ」と「ミナミ」と呼ばれています。「キタ」は大阪の玄関口JR大阪駅を中心に、官公庁や大企業などのオフィスが多く大人の街というイメージ。一方、「ミナミ」は道頓堀などにぎやかでみんながイメージするザ・大阪、人情の街。大きく2つのエリアに分かれていますが、「キタ」には下町風情漂う中崎町（P72〜）があったり、「ミナミ」にはtapie style（P30）があるおしゃれな南船場（P28〜）があったり、街の雰囲気は2つに分けることはできず、それぞれいろんな顔を持つ小さいエリアが集まっています。

2 大阪の距離感

この本で紹介しているエリアは、気軽に歩いて散策できるエリアばかり。例えば、「キタ」の梅田から「ミナミ」の難波まで御堂筋沿いを歩いて60分。梅田から天満天神繁昌亭（P97）のある南森町まで20分。そこから長い天神橋筋商店街をアーケードが切れる天神橋筋6丁目まで歩いて30分。大阪のオアシス靭公園（P54）のある本町から心斎橋筋商店街を突っ切って、繁華街の道頓堀まで30分、そこから5分で、大阪の風情あふれる法善寺横丁（P20・21）、さらに5分で黒門市場（P16・17）にたどり着きます。地図に印をつけて歩いてみては？

3 便利でお得な地下鉄

頑張って大阪中を歩いて散策!っていうのもいいですが、交通手段を使うなら断然、地下鉄が便利。大きな筋や通りの下（地下）には、ほぼ地下鉄が走っています。また、梅田やなんばなど主要な駅には何線か乗り入れしており、地下でつながっているから乗り換えもラク。それに、地下鉄・ニュートラム・市バスが一日乗り放題の共通一日乗車券（大人850円）や、毎週金曜日と毎月20日（日祝の場合は、次の日祝以外の日）に利用できるノーマイカーフリーチケット（大人のみ600円）などの乗車券をうまく利用すれば、かなりお得になります。詳しくは、www.kotsu.city.osaka.jp/まで。行先案内センター☎06-6582-1400

ZAKKAな大阪人の

美味しいものを食べて、お買い物して、お茶して…
いつもの旅スタイルもいいけれど、
もっと違う大阪を知りたい!と思っている皆サマに
"大阪"の達人である"ZAKKAな大阪人"が
大阪ならではの楽しみ方をこっそり教えてくれます。

雑貨探しの達人
TRUИKSと行く
蚤の市巡り
-四天王寺編-

カッコかわいい船長
よしざきさんに
教わる
水の都 大阪を
クルーズ

フードユニット
ainaといっしょに
大阪の台所
黒門市場で
お買い物

大阪発サスペンスコメディ劇団
チームKGBが
教える
大阪の 見る!
聞く!笑う!

ZAKKAな大阪案内

tapie styleオーナー

玉井さんと行く
ちょっと大人な
法善寺横丁

天満酒場の達人

アーティストが
通う 美味しいが
詰まった
天満市場界隈

tapie style作家が

こっそり教える
手作り材料
shopリスト

雑貨探しの達人

TRUИKSと行く、蚤の市巡り -四天王寺編-

大阪最大の蚤の市、“四天王寺さん”は毎月21・22日に開かれます。ちなみに、お彼岸のある3月と9月は1週間も開催されます。さぁスケジュール帳に★マークをつけて! いつもは一人でやってくる四天王寺さんだけど、今日は仲良しのきわこさんといっしょ。アンティークの家具や、着物などいろんな露店が350店舗以上もあって早速大興奮! 私はかわいくて乙女なものが好き。きわこさんはロマンチックでちょっぴりゴージャスなものが好き。「あ、早速お財布出そうとしてるけど、ちゃんと値切りましたか?値切ってないの!? ダメですよーっ!」 さて、ここでクイズです。右ページの戦利品は、どちらがどれをお買い物をしたでしょう?

■Profile
TRUИKS

スタイリスト村上きわこ(左)&東ゆうな(右)のユニット。かわいいものハンターである二人が集めた“かわいいモノ”が部屋いっぱいになると、フリーマーケットを開催。小さなバザーから、大きなイベントまでカラフルなトランク持って現れる!

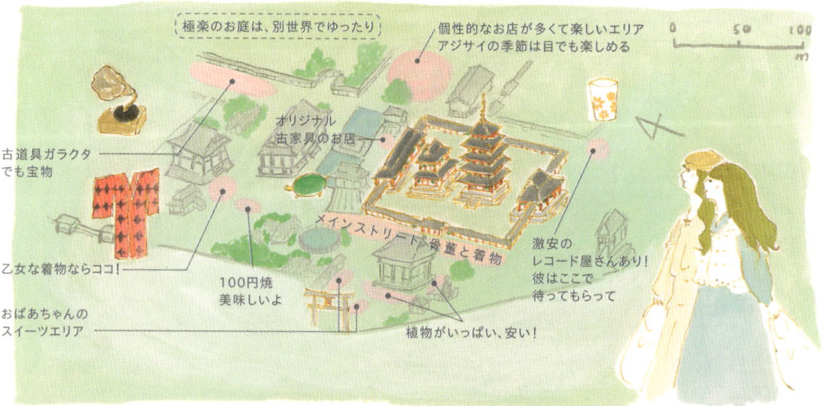

フランスの香りがする木馬はなんと500円！ ザ・戦利品!!

ロココ調の宝石箱。バラブローチも市で購入。2,000円

「これ何の箱かな～？」本日一番の大物は野菜箱として活躍予定

一昔前のお菓子の缶は、今はとっても貴重。スミレ柄の缶300円

陶器のプチなシーズーと小物入れ。値段もプチ。各100円

赤毛の女の子とロバの友情を描いたトランプ。200円

アメリカ製のウエディングカードはキラッキラで豪華！ 500円

インパクト大な鳥の羽クラッチバッグ。早速、“オシャレ妄想”を開始。

通り過ぎたけど引き返して買ったロマンチック温度計。500円

001 | 四天王寺

してんのうじ/寺社　MAP P7

大阪市天王寺区四天王寺1-11-18　☎06-6771-0066　「四天王寺 大師会・太子会」毎月21日・22日（雨天決行）　8:00～終日、22日は8:30～　地下鉄谷町線四天王寺前夕陽ヶ丘駅下車より徒歩5分　www.shitennoji.or.jp/

ほか蚤の市情報

002 | 生國魂神社

いくたまじんじゃ/寺社　MAP P7

難波から歩いて行ける通称“いくたまさん”の市。こじんまりとした規模ながら昔の日本のかわいい、が並ぶ初心者にも楽しい市。

大阪市天王寺区生玉町13-9　☎06-6771-0002　「生國魂神社蚤の市」毎月8日開催　7:00～16:00　小雨決行　大阪市営地下鉄谷町九丁目駅③出口より徒歩4分

003 | 露天神社（お初天神）

つゆのてんじんじゃ/寺社　MAP P90

通称“お初天神”。ビジネス街からほど近く、通勤途中のビジネスマンが寄ったり、近所のおじいちゃんがいたり、とほのぼの。

大阪市北区曽根崎2-5-4　☎06-6311-0895　「お初天神蚤の市」毎月第1・3金曜日　早朝～日没　地下鉄谷町線東梅田駅⑦出口より徒歩3分　www.ohatendori.com/jinjya/

004 | 四天王寺庚申堂

してんのうじこうしんどう/寺社　MAP P7

泥棒市と呼ばれるほどお店も売り物も多種多様。値段も“もってけドロボー価格”。宝探し好きにオススメ。

大阪市天王寺区堀越町2-15　☎06-6772-9420（庚申堂）、☎06-4256-8363（事務局）「天王寺庚申堂朝市」原則として毎日曜日（祝は中止、小雨決行）　7:00～9:00　JR環状線天王寺駅より徒歩4分

005 | 住吉大社

すみよしたいしゃ/寺社　MAP P7

毎月最初の辰の日のお参りということで“初辰さん”。商売発達のために遠方から訪れる人も。緑の中、散歩がてらのお参りを。

大阪市住吉区住吉2-9-89　☎06-6672-0753　「初辰さん」毎月の最初の辰の日　6:30～16:00　南海本線住吉大社駅より徒歩3分

カッコかわいい船長

よしざきさんに教わる水の都、大阪をクルーズ

とっておきの水辺で“キモチイイ”を体験して

大阪の水辺といえば、阪神ファンが飛び込む?グリコの看板?…と、“キモチイイ場所”があるように思えないかもしれません。大阪生まれ大阪育ちの私も、水辺にいいイメージは持っていませんでした。でも、ぜひ一度大阪の水辺に訪れてみてください。広い空に茜色の夕焼け、ひなたぼっこするカモメ、戦前の“大大阪”時代を彷彿とさせるレトロビル。それまで気が付かなかった大阪の“キモチイイ景色”が広がっています。市域の面積の1割が河川という大阪。中之島から道頓堀まで、都心を環状線のようにぐるっと1周巡ることができる街は、全国でも珍しいのです。そんなとっておきの水辺ポイントを案内します。

■Profile

よしざきかおり

大阪の水辺の再生を目指す『水辺のまち再生プロジェクト』の一員として活動。自らボートを購入し、水辺の魅力を伝えようと水上タクシーのガイド兼船長を務める(07年より一時休止中)。勤務先も堂島川沿いのレトロビルという徹底ぶり

A 水辺でランチ

毎月第3水曜日に水辺でランチするだけの会『水辺ランチ』を開催。会社のデスクで済ませちゃうコンビニ弁当も水辺で食べれば、優しい川風とウマイ空気に数倍も美味しく感じるはず。未体験なランチタイムを過ごしたい人はホームページをチェック。 www.suito-osaka.net/html/lunch.html

B 大川で川遊び

昔、京都から大阪まで荷物を運ぶ船でにぎわっていた大川。現在は春の船上花見、夏の水上ピクニックなど、川遊びを楽しむ人が増えました。ゴムボートやカヌー、ボートを持っているならぜひ。桟橋から乗り込むならお問い合わせを。www.pref.osaka.jp/kasen/funatsukiba/

C 水辺に暮らす

私が気に入った物件は川を挟んで大阪城が見える都島区片町。水面からの反射で天井に映るキラキラの光で目が覚める、夜の街の明かりが映る川を見ながら一日を振り返る…これが普段の暮らしにあることが贅沢と感じます。水辺不動産 www.suito-osaka.net/fudosan/

D 水辺を遊覧する

大阪城から道頓堀までを結ぶ30人の乗りの観光船『アクアmini』。天気のいい日は船での移動がおすすめ! 屋根がなく開放感があり、片道約50分のゆっくりコースなので、移動の間も大阪の街の景色を楽しめます。ご予約や詳細はコチラへ。大阪水上バス☎06-6941-5011

E 水辺のテイクアウト

中央公会堂の近くの桟橋『若松の浜』は、一般の人も使う乗船場ですが休憩もできます。ここでボンヤリしていたら2軒隣の鰻屋からいい香りが。ここは一度蒸して焼く江戸流鰻屋。テイクアウトできるので公会堂のライトアップを見ながら…あぁ水辺のシアワセ。鰻屋 志津可☎06-6364-9129

F 一夜限りの水辺BAR

戦前可動堰だった水晶橋は、その役目を終えて人道橋として使われています。水面に映る輝きが水晶のような美しい橋。「こんな所にお店があれば」という思いから、年1回『水辺ナイト』を開催。特設BARや生演奏で贅沢な夕涼みを。水辺ナイトwww.suito-osaka.net/html/night2006.html

フードユニット

ainaといっしょに大阪の台所、黒門市場でお買い物

見ているだけで楽しい 人情味あふれる大阪の台所

大阪の台所と呼ばれる日本橋の『黒門市場』は、創業180年を超える由緒ある市場。生鮮食品を中心に150軒もの商店が並びます。近所の奥様やレストランのシェフが、生きのいいお魚や新鮮な地野菜を選ぶ姿が見られたり、店先では活気ある声が飛び交い、にぎやかなこと! 年末には新年用の特別な食材も並んで、見ているだけでワクワクしてきます。今日は安藤さん、高原さんといっしょに、カゴバッグ片手にお買い物をしにきました。実は三人でじっくり見るのははじめて。お店の人との会話を楽しんだり、フレッシュジュースを飲んだり…。途中で寄り道しながらの市場巡りは病み付きになりそう。

■Profile

aina

左から、ワイン&料理担当のフードコーディネーター安藤美保、ジャム担当の徳好琴美、パティシエール高原由香からなるフードユニット。美味しいお料理やスイーツ、ワインを囲めば自然に笑顔があふれ、ハッピーな気分になれるもの。そんな時間を大切にする女性3人で結成し、ケータリングや各種教室、イベントで活躍中。www.aina-aina.com

START

ドキドキ、ワクワク、初めて3人の黒門市場巡りがスタートです

→

色とりどりの野菜たちは、どれも気になります。初めて見る素材や品種も多々発見! 何を作ろうかな?

→

果物と野菜が豊富にそろう『なべじ』。所狭しと食材が並べられていて、フード担当安藤さんも真剣なまなざしでチェック! 調理方法も教えてくれました。☎06-6641-2246

↓

オリジナルフルーツのケーキや、デザートも並ぶ高級青果屋『ダイワ果園』。入口では、搾りたてのジュースを飲むことができるので、ちょっと疲れたらここでひと息。☎06-6633-1095

←

優しいマダムが一つひとつ丁寧に説明してくれた和菓子に興味津々。

↓

ドーンと置かれたマグロに惹かれて『まぐろ屋 黒銀』へ。店先の小さなスペースで、どんぶりやカレーが食べられるんだって! 海鮮丼(¥1,500)は新鮮な魚がたっぷり。☎06-4396-7270

→

きれいに整列したエビ。なんだか、かわいいですよね?

↓

創業60年という和洋菓子の老舗『浪速屋』。そば餅やバウムクーヘンなど、長年愛されているお菓子が並びます。お菓子担当高原さんと私はショーケース前で大騒ぎ。

ainaの立寄り

006 | Fujimaru

フジマル/ワイン　MAP P109

黒門市場で買った食材に合わせるワインを!という時に立ち寄るお店がこちら。オーナー自らが美味しい、すすめたいと思うものだけを選ぶうちに、ビオワインが豊富になったのだとか。

大阪市中央区日本橋2-15-3　☎06-6643-2330　12:30〜21:30　火休　地下鉄堺筋線・千日前線日本橋駅⑨出口より徒歩7分　wineshop.exblog.jp

007 | 黒門市場　MAP P109　大阪市中央区日本橋　TEL・営業時間・定休日はショップによって異なる　地下鉄堺筋線・千日前線日本橋駅⑩出口よりすぐ　www.kuromon.com

大阪発サスペンスコメディ劇団

チームKGBが教える、大阪の“見る！聞く！笑う！”

チームKGB厳選!!
大阪の遊び場ドドーンと紹介

「鰯でドーン!!」赤のベレー帽に若草色のジャケットがチャーミング、そして過剰な笑顔がトレードマーク♥チームKGBの専属司会&大西洋の総合司会、ワタクシ大海原鰯（おおうなばらいわし）でございます！ 我らがチームKGB、やはり劇団でございますので、大阪の劇場・ライブハウスを中心にご紹介していこうと思います!KGBも大阪で活動してはや10年、数々の出会いのなかで感じたことは、大阪は“笑いと人情”の街だということです！ そう、大阪人はホントお笑いに厳しいんでございます。しかし、ひとたび認めれば義理堅くとても“世話しい”なのでございます。そんなKGBと縁りのある劇場・ライブハウスを、ドーンぞご覧下さいませッ!

■Profile

チームKGB（ニコルソンズ）

大阪発のサスペンスコメディ劇団。カフェからストリップ劇場まで幅広い活動を見せる。07年11月本公演『弾丸キャバレー2929』では延べ1,000人の集客動員数を記録する。主宰の木下半太は「悪夢のエレベーター」（幻冬舎）で小説家としてデビュー。08年から拠点を東京に移し、劇団名を『ニコルソンズ』に改名!!

008｜千日前TORII HALL

せんにちまえトリイ ホール／劇場　MAP P109

チームKGBの本拠地、難波のど真ん中の小劇場。実は、楽屋の内装が旅館のようなのでございます。緊張しながらの劇場入りも、我が家の様にリラックスできる、まさにチームKGBの母なる海！ 落語や講談も盛んに行われ、毎月1日には「TORII寄席」と銘打った大阪ならではの寄席も楽しめるのでございます。

大阪市中央区千日前1-7-11　上方ビル4F　☎06-6211-2506
営業時間・定休日は要問合せ　近鉄難波線近鉄難波駅、地下鉄御堂筋線・四つ橋線・千日前線なんば駅なんばウォーク南OSプラザ出口より徒歩3分　www.toriihall.com/

009 | 梅田芸術劇場

うめだげいじゅつげきじょう/劇場　MAP P7

言わずと知れた大阪エンターテインメント界の中心。大阪に演劇人・劇団は星の数ほどございますが、誰もがここを夢見るのでございます。もちろん、『チームKGB』もこの大舞台に立てる日を目指して日々精進している訳でございます!

大阪市北区茶屋町19-1　☎06-6377-3800(メインホール)、☎06-6377-3888(シアタードラマシティ)　営業時間・定休日要問合せ　阪急梅田駅茶屋町口より北へ徒歩5分　www.umegei.com/

010 | NOON

ヌーン/ライブハウス　MAP P7

元CLUB DAWN、キタの老舗のライブハウスでございます。大阪といえばスカ!というこの街において『スカンキンナイト』は、10周年目にドーンと突入!更に高架下という特殊な立地のおかげで2階の天井がかなり低くなっており、イイ感じでまったりできる空間に。要チェケラ～!!

大阪市北区中崎西3-3-8 JR京都線高架下　☎06-6373-4919　営業時間・定休日要問合せ　阪急梅田駅中央口より徒歩7分　www.noon-web.com/

011 | 鰻谷 燦粋

うなぎだに さんすい/ライブハウス　MAP P29

一筋縄ではいかないバンドやDJイベントのほかに、絵画や写真、陶芸などのアーティストの作品展示なども頻繁に行なう多彩な職種の方々の交流の場、『さんすい』。言わば音楽界の黒潮的な存在!といっても過言ではないでしょう。夜遊びしたいんやけどという方は、覗いてみてはいかがでしょうか!?

大阪市中央区東心斎橋1-12-20 心斎橋シキシマビルB1　☎06-6243-3641　営業時間・定休日要問合せ　地下鉄堺筋線・長堀鶴見緑地線長堀橋駅クリスタ長堀南⑥出口徒歩3分　www.sunsui.net/

012 | ライブハウス シャングリ・ラ

ライブハウス シャングリ・ラ/ライブハウス　MAP P7

正面玄関のヤシの木がお出迎え。気分は紳士淑女でございます。05年夏オープンのフレッシュさにも関わらず、その佇まいは音楽界のナポレオンフィッシュのごとく優雅な雰囲気にあふれております。ホールで騒いで、併設の『マンボカフェ』でひと休み。またホールで騒ぐが正しい楽しみ方ではないでしょうか!

大阪市北区大淀南1-1-14　☎06-6343-8601　営業時間・定休日要問合せ　地下鉄御堂筋線梅田駅⑤出口より徒歩10分　www.shan-gri-la.jp/

tapie styleオーナー

玉井さんと行くちょっと大人な法善寺横丁

風情ある路地の 大阪の夜を味わいに

ここは、水掛不動尊をお祀りしてある『法善寺』を中心としたエリア。お参りする方が年中お水を手向けられるため、お不動さんは苔でびっしり覆われていらっしゃいます。こちらでお参りしてから石畳の小路を散策致しますと、しっとりとした大阪らしい風情を味わうことができますので、私もお客様がいらっしゃったら、夜は必ずご案内するんですよ。細い路地には、超高級料亭から庶民的なお店まで様々な店が軒を連ねており、ご紹介したいお店もたくさんありますが、初めての方は気負いされる店構えが多いかもしれません。ですので、ここでは女性同士でも気軽に訪れられる、とっておきのお店をご紹介したいと思います。

■Profile

玉井 恵里子

タピエスタイルオーナー。イタリア家具メーカー『アルフレックスジャパン』での勤務を経て独立し、インテリアデザイナーとして活躍。“かわいらしさを持つ大人の空間”をテーマに様々な空間演出を手掛ける。07年には、ミラノサローネに出展。

013｜法善寺横丁 MAP P109　毎年8月10・11日の2日間、法善寺境内で法善寺横丁祭りが開かれます。屋台が出て文楽等披露されます。ジャズの演奏もあり、開放的な雰囲気は一見の価値がありますよ。　大阪市中央区難波1-2-16　地下鉄御堂筋線・四つ橋線・千日前線なんば駅なんばウォーク南OSプラザ出口より徒歩5分

A | Bar Mint
バー ミント/バー　MAP P21

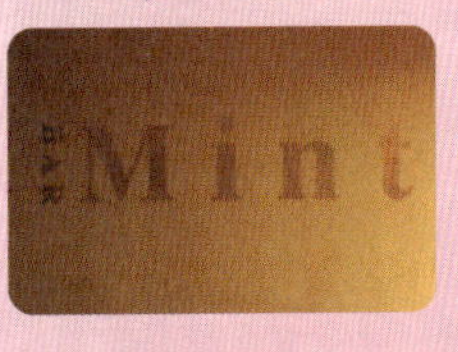

常連が多く集うバーですが、本を見たと伝えればOK。店主大野さんの人柄にいつも癒されます。7席だけの小さなお店ゆえマナーを大切に。チャージ500円、ビール600円。

大阪市中央区難波1-5-20 中筋横丁　☎06-6212-3746　20:00～翌2:00　第1・3月休

B | tree BAR
ツリー バー/バー　MAP P21

“南の島でツリーを囲んで楽しく”が店名の由来だという、一人でも楽しいバー。ポップなネオンと、どこか似つかわしくない引き戸が目印。チャージ300円、ビール600円。

大阪市中央区難波1-5-20 中筋横丁　☎06-6213-4155　19:00～翌2:00　水休

C | 串三昧 wasabi
くしざんまい ワサビ/串揚げ　MAP P21

女主人ならではの気配りと、創意に満ちたオシャレな串揚げの店。ブビンガという美しい木目のカウンターが印象的です。12本3,780円のコースにワインがおすすめ!

大阪市中央区難波1-1-17　☎06-6212-6666　17:15～21:30　不定休

D | アラビヤ珈琲店
アラビヤこーひーてん/カフェ　MAP P21

昭和26年創業の自家焙煎珈琲店。看板のターバン姿がカップに灰皿にモーニングのゆで卵にまで登場します。レトロな店内で美味しい珈琲を。ブレンド珈琲400円など。

大阪市中央区難波1-6-7　☎06-6211-8048　10:00～22:00　無休

E | 桃酔
とうすい/和食　MAP P21

どなたをお連れしても必ず喜ばれる心強い和食店。鯨はりはり小鍋、棒すし、れんこん饅頭、季節の浪速食材美味を。地酒も常時6～7種類あり。一人5,000円から。

大阪市中央区難波1-6-4 いち仲ビル2F　☎06-6211-1572　17:00～23:00(L.O.22:30)　日祝休

F | Bistro えくうす
ビストロ えくうす/フレンチ　MAP P21

16席だけの小さなお店。家庭的で温かく、とても居心地がいいです。贅沢な食材をふんだんに使ったお料理は食べごたえ十分。二人で一皿をシェアして。予算はワインも含め一人7,500円から。

大阪市中央区道頓堀1-7-1 大阪屋バイストリート横丁ビル2F
☎06-6213-6237　18:00～24:00(L.O.23:00)　火休

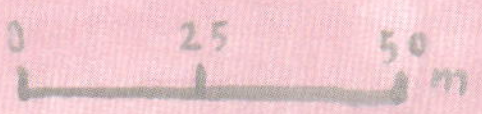

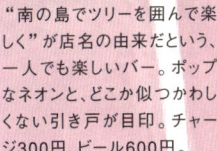

天満酒場の達人

アーティストが通う、美味しいが詰った天満市場界隈

JR環状線で大阪駅からたった一駅なのに、下町というか異国というか、どこか親しみの持てる庶民の街、天満市場界隈。女の子が好きそうなおしゃれな街ではないけれど(笑)、人はおもろい!食べもんは安くてうまい!夜でもそんなに危なくない! そんな天満をナビゲートします。学生時代から通い続けて早や10数年という常連のお店もあります。店のマスターや客同士がすぐに仲良くなれるアットホームさもこのエリアの魅力の一つです。天満に来る人は味にも値段にもシビアな人が多い。だからいつも人が集まって繁盛しているお店は、間違いなく美味しいんです。数あるお店のなかからとっておきの7軒を紹介します。

■Profile
Shin

天満在住のギター職人。ギターをつくり続けて15年。数々のミュージシャンのギターを手掛ける。ギターの材を使った指輪やグリーンカレーをつくるなど、趣味も職人級。お酒が好き、何より人が大好き。美味しいお酒と楽しい会話のあるところ、Shinさんの姿あり。隣は奥さんの小松さんとイラストレーター松岡さん。

A | luv wine

ラブ ワイン/ワインバー　MAP P23

天満市場の片隅に、夜になると現れるワインバーでは、週ごとに世界各国のワインが楽しめます。オープンテラスのような店内で、行き交う人を眺めながらワイングラスを片手に異国情緒にひたってみては? ワインにあう料理も充実していて、おすすめはトマト!トマト!トマト!580円。

大阪市北区大阪市北区池田町5-8　☎06-6881-1707　18:00～24:00　日休　lovewine.info/

014 | 天満市場 MAP P7　大阪市北区池田町界隈　TEL・営業時間・定休日はショップにより異なる　JR環状線天満駅よりすぐ

B｜かぶら

かぶら/dish bar　MAP P23

カウンターのみの落ち着いた店。お酒だけでなく牛すじカレーうどんなど、マスターのつくる料理はどれも美味しい。

大阪市北区天神橋5-4-10　☎06-6358-4599　18:00～26:00　月休

C｜マッスルホルモン

マッスルホルモン/ホルモン串　MAP P23

新鮮な三田牛のあらゆる部位が食べられる、いつも活気にあふれた店。ホルモンの常識が覆される美味しさが!

大阪市北区天神橋4-12-12　☎06-6353-6290　17:00～24:00　日休

D｜肴や

さかなや/立ち飲み　MAP P23

女の子同士でも行ける雰囲気のいいお店。きめ細かい泡のギネス樽生がおすすめ。おつまみは1品250円から。

大阪市北区天神橋4-11-20　☎06-6356-1900　18:00～22:00、土日15:00～20:00　火休

E｜上海食苑 本店

しゃんはいしょくえん ほんてん/飲茶　MAP P23

蒸籠で運ばれてくる飲茶は、熱いうちに! 本場さながらの味、この店一番人気の小籠包(480円)は必食。

大阪市北区池田町12-4　☎06-6351-5358　17:30～24:00　無休　www.shanghai-shokuen.com/

F｜梨花食堂 天満市場店

りかしょくどう てんまいちばてん/カレー　MAP P23

お腹が減ったら美味しいカレーを。ちょっと辛いけど病みつきになる味。珍しいアジアのビールも充実。

大阪市北区池田町8-11　☎06-6358-8108　11:00～22:00　日休　www.rikasyokudo.com/

G｜楽縁

らくえん/日本酒&炭火焼き　MAP P23

ほたるいかなどを七輪で焼く一品料理をつまみに、日本酒ソムリエのおかみさんがすすめるお酒を楽しめます。

大阪市北区浪花町1-8　☎06-6359-5300　17:00～24:00　日祝休　www16.ocn.ne.jp/˜rakuen/

tapie style作家が

こっそり教える、手作り材料shopリスト

想像力を豊かにして
手作りZAKKAを作ろう

日々作品と向き合うなかで、思い付いたアイディアを描き綴ったスケッチブック。私は、その小さなスケッチブックを持って素材探しに出かけます。いつものコースは堺筋本町から難波まで。この界隈は材料問屋や布屋、大型手芸屋に画材屋等が一通りそろっているので重宝しています。見て触って確かめて、フワフワと頭の中にあるイメージが形になっていく…。気に入った素材があれば、どんなものをつくろうかと思いを巡らせる楽しい時間。想像力を膨らませイメージを遊ばせるために、素材探しは一人で行くのがおすすめです。

■Profile

IRIIRI

00年から人形作家IRIIRI（イリイリ）として関西を拠点に活動開始。“人形が暮らしのなかに存在し、その空間がさりげなくきらめきますように”をテーマに、主に布等を使い人形や小物を制作。毎年各地で個展を開催。

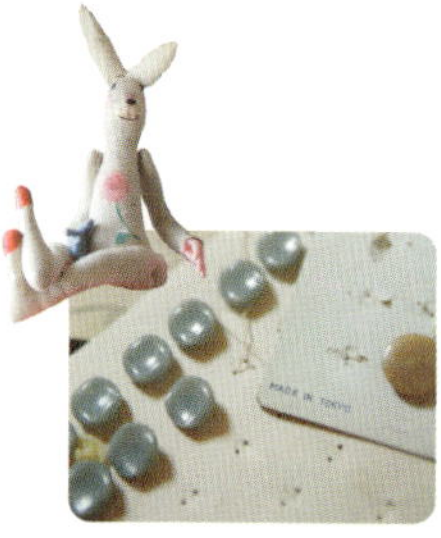

015 | Luna-es

ルナレス/雑貨＆手芸材料　MAP P43

ビーズから布まで、国産・海外産問わず、とにかくかわいいものを厳選した手芸材料がそろいます。

大阪市西区北堀江1-21-11 山名ビル1F・C　☎06-6535-7702　12:30～20:00　火休　地下鉄長堀鶴見緑地線西大橋駅④出口より5分　www.luna-es.com

016 | foo

フゥー/雑貨　MAP P29

主にヨーロッパで買い付けてくるヴィンテージの生地やボタンは、味わいがあって個性的です。

大阪市中央区南船場3-2-6 大阪農林会館306号　☎06-6251-5733　11:00～20:00、日祝～18:00　無休　地下鉄御堂筋線・長堀鶴見緑地線心斎橋駅①出口より徒歩7分　www.hello-foo.com

017 | SUUSU

スース／ボタン　MAP P99

ボタンの専門店。外国のものを中心に、店内には珍しいボタンが2,000～3,000種類もあります。

大阪市中央区谷町7-2-2　新谷町第一ビル1F　☎06-6764-0209　11:00～19:00、日祝12:00～18:00　水休　地下鉄谷町線谷町六丁目駅④出口より徒歩2分　www.shop-suusu.com

018 | Antique Fabric Pinks大阪店

アンティーク ファブリック ピンクスおおさかてん／雑貨&テキスタイル　MAP P7

とびきりキュートなアメリカのアンティーク雑貨と、ヴィンテージの生地の品ぞろえは大阪一です。

大阪市福島区福島3-1-39 メリヤス会館203　☎06-6458-9022　12:00～19:00　月休　JR東西線新福島駅③出口より徒歩5分　www.pinks-web.com

019 | La droguerie心斎橋店

ラ ドログリーしんさいばしてん／手芸材料　MAP P29

パリが本店の手芸材料店には、カラフルなビーズやボタン、毛糸などのディスプレイはいつ見ても素敵です。

大阪市中央区南船場3-4-26 出光ナガホリビル1F　☎06-6253-2210　11:00～20:00　無休（10月第3日曜日を除く）　地下鉄御堂筋線・長堀鶴見緑地線心斎橋駅②出口より徒歩5分　www.ladroguerie.jp

020 | Sept mignon

セットミニョン／ニットカフェ　MAP P43

外観も店内もスタイリッシュな手芸材料ショップ。カフェとギャラリーを併設しています。

大阪市西区南堀江1-14-29　☎06-6531-7677　11:00～20:00（カフェ～21:00）　不定休　地下鉄四つ橋線四ツ橋駅⑥出口より徒歩10分　www.septmignon.jp

021 | Paolo bottoni大阪本社ショールーム

パオロ ボトーニおおさかほんしゃショールーム／ビーズ&ボタン　MAP P7

ヨーロッパ各国の高品質なビーズ、ボタンが豊富。キット類も充実しているから初心者も安心です。

大阪市中央区北久宝寺町1-8-15　☎06-6271-6650　11:00～19:00、土～17:00　日祝休　地下鉄堺筋線堺筋本町駅⑥出口より徒歩5分　www.paolo-bottoni.com

022 | コーラル

コーラル／テキスタイル　MAP P29

ドレス用の珍しい生地やレース、装飾用小物など取り扱っている商品はなんと20,000点!

大阪市中央区久太郎町3-4-3　☎06-6251-0268　9:15～18:00　日祝休　地下鉄御堂筋線本町駅⑩出口より徒歩5分　www.coraltex.co.jp

023 | ユザワヤ なんば店

ユザワヤ なんばてん／雑貨＆手芸材料　MAP P109

スタイリストさん、服飾学生さんご用達の老舗店。幅広い種類の手芸材料をカバーしています。

大阪市中央区千日前2-10-1 ビックカメラなんば店7F　☎06-6649-4141　10:00～20:30　無休（年2回臨時休業を除く）地下鉄御堂筋線・四つ橋線・千日前線なんば駅B-19出口より3分

024 | リボンの館

リボンのやかた／リボン　MAP P29

リボン・レース・装飾テープなどの品ぞろえは、約10,000アイテム以上! 圧巻です。

大阪市中央区南久宝寺町2-5-5　☎06-6243-0055　9:00～17:30　土日祝休　地下鉄御堂筋線本町駅⑫出口より徒歩7分　www.ribbonnoyakata.co.jp

025 | クラフトワールド なんばパークス店

クラフトワールド なんばパークスてん／手芸材料　MAP P109

会員になるとお得な価格でお買い物できるのがうれしい。いろんなジャンルの手作り講習会が充実。

大阪市浪速区難波中2-10-70 なんばパークス5F　☎06-4397-9111　11:00～21:00　不定休　地下鉄御堂筋線・四つ橋駅・千日前線なんば駅より直結　www.craftworld.jp

026 | 丸山雄進堂

まるやまゆうしんどう／和紙＆筆　MAP P7

筆、和紙の専門店。芸術家御用達の筆や、こだわりの美しい和紙は、とても珍しいので必見です。

大阪市中央区島之内2-6-23　☎06-6211-6272　9:00～19:00　日祝休　地下鉄堺筋線・長堀鶴見緑地線長堀橋駅⑥出口より徒歩5分　www.eonet.ne.jp/~fude/

エリア別
かわいいもの

今や世界の共通語の“カワイイ!!”
『tapie style』に関わる6人のZAKKAな達人が
大阪だけの“カワイイ!!”をご紹介!
それぞれが大好きなエリアをご案内します。

南船場 P28~
堀江 P42~

スタイリスト
東 ゆうな

関西の雑誌を中心に活躍するフリースタイリスト。“乙女”をテーマにしたスタイリングに定評あり。フリマユニット・『TRUИKS』でも活動。「仕事でこのエリアを走り回っています」

日本橋 P108~

tapie style オーナー
玉井 恵里子

『tapie style』のオーナーでありながら、インテリアデザイナーとして日本だけでなく海外でも活躍。「世界にも通じる、風情ある大人の大阪をじっくりとご案内します!」

松屋町・谷町 P98~

イラストレーター
松岡 文

幼少期より絵を描きため、01年より本格始動。雑誌の挿絵やこの本のイラストをすべて手掛ける。「自転車でちょっと遠出して、スケッチをしたステキな街をいっぱいご紹介します」

めぐり

中崎町 P72〜

犬グッズ作家
小松 真里

02年愛犬の服をつくりはじめたのがきっかけで、姉妹でユニット『dogstreet』を結成。07年にはアトリエをオープン。「私のアトリエがある中崎町はステキなところがいっぱいです」

靱公園 P52〜
新町 P66〜

ジャム、菓子作家
徳好 琴美

旬のフルーツを使ったジャムとお菓子のアトリエ『cototoko patisserie』を主催。フードユニット『aina』のメンバーとしても活躍中。「カワイイだけじゃない、オイシイも紹介！」

北浜 P82〜
西天満 P90〜

画家
佐藤 有紀

京都の芸大を卒業後、大阪のギャラリーを中心に作品を発表。"生活空間にアートを"をテーマに幅広く活動。「ギャラリーやレトロビルの集まる北浜エリアは、大のお気に入り！」

Minami senba / Horie / Utsubo kohen / Shinmachi / Nakazaki cho / Kitahama / Nishi tenma / Matsuya machi・Tanimachi / Nihon bashi

お楽しみ情報 | 各ページのこの欄には、まだまだ知って欲しい情報を集めました。こちらもぜひチェックしてください。

かわいいがギュッと詰まったZAKKA天国vol.1

南船場エリア

昔からミナミで一番オシャレなエリアといえば南船場。
個性的でハイセンスな雑貨屋さんが多く、まさにZAKKA天国！
かわいいけど、ちょっぴりオトナ顔なZAKKAに出会えるはず。

東 ゆうな

南船場はクラシックなビルが建ち並んでいて、ビルの一室にお店があることが多いです。そのためか、上を向いて探しながら歩いている人もチラホラ。お買い物する時は、1階だけでなくビルの上の階も注意しながら歩いてみては？

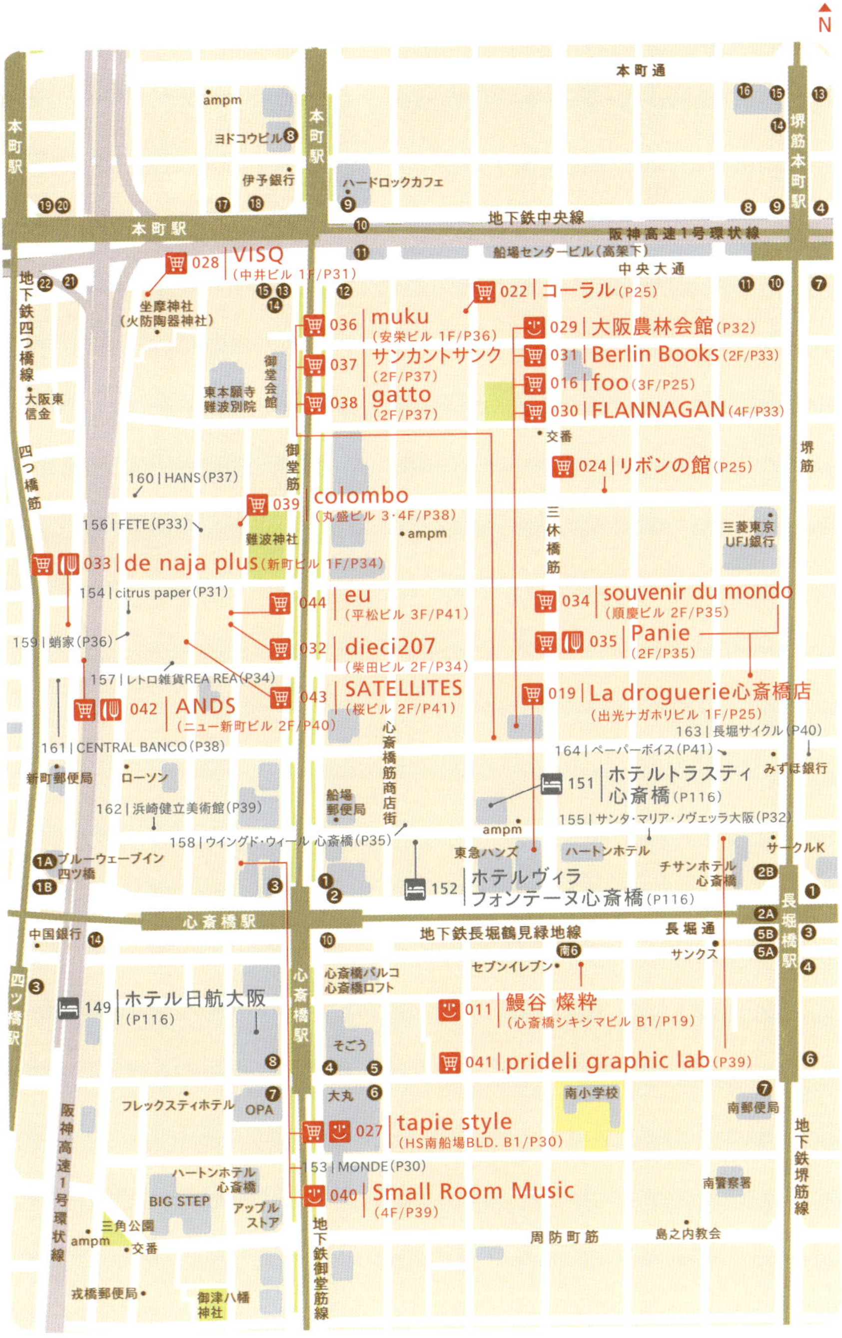
N
本町通
ampm
ヨドコウビル
伊予銀行
本町駅
本町駅
ハードロックカフェ
堺筋本町駅
本町駅
地下鉄中央線
阪神高速1号環状線
船場センタービル(高架下)
中央大通
028 | VISQ
(中井ビル 1F/P31)
坐摩神社
(火防陶器神社)
地下鉄四つ橋線
022 | コーラル(P25)
036 | muku
(安栄ビル 1F/P36)
037 | サンカントサンク
(2F/P37)
038 | gatto
(2F/P37)
029 | 大阪農林会館(P32)
031 | Berlin Books(2F/P33)
016 | foo(3F/P25)
030 | FLANNAGAN(4F/P33)
御堂会館
東本願寺
難波別院
大阪東信金
四つ橋筋
御堂筋
交番
024 | リボンの館(P25)
堺筋
160 | HANS(P37)
039 | colombo
(丸盛ビル 3･4F/P38)
156 | FETE(P33)
難波神社
ampm
三休橋筋
三菱東京
UFJ銀行
033 | de naja plus(新町ビル 1F/P34)
154 | citrus paper(P31)
044 | eu
(平松ビル 3F/P41)
034 | souvenir du mondo
(順慶ビル 2F/P35)
159 | 蛸家(P36)
032 | dieci207
(柴田ビル 2F/P34)
035 | Panie
(2F/P35)
157 | レトロ雑貨REA REA(P34)
043 | SATELLITES
(桜ビル 2F/P41)
042 | ANDS
(ニュー新町ビル 2F/P40)
019 | La droguerie心斎橋店
(出光ナガホリビル 1F/P25)
心斎橋筋商店街
163 | 長堀サイクル(P40)
161 | CENTRAL BANCO(P38)
164 | ペーパーボイス(P41)
みずほ銀行
新町郵便局
ローソン
151 | ホテルトラスティ
心斎橋(P116)
162 | 浜崎健立美術館(P39)
船場郵便局
155 | サンタ・マリア・ノヴェッラ大阪(P32)
158 | ウイングド・ウィール 心斎橋(P35)
ampm
東急ハンズ
ハートンホテル
サークルK
1A ブルーウェーブイン四ツ橋
チサンホテル心斎橋
1B
152 | ホテルヴィラ
フォンテーヌ心斎橋(P116)
2B
心斎橋駅
長堀橋駅
中国銀行
地下鉄長堀鶴見緑地線
長堀通
2A
5B
5A
南6
サンクス
四ツ橋駅
セブンイレブン
心斎橋パルコ
心斎橋ロフト
149 | ホテル日航大阪
(P116)
011 | 鰻谷 燦粋
(心斎橋シキシマビル B1/P19)
心斎橋駅
そごう
041 | prideli graphic lab(P39)
大丸
フレックスステイホテル
OPA
南小学校
南郵便局
阪神高速1号環状線
027 | tapie style
(HS南船場BLD. B1/P30)
地下鉄堺筋線
153 | MONDE(P30)
ハートンホテル
心斎橋
南警察署
BIG STEP
040 | Small Room Music
(4F/P39)
アップル
ストア
三角公園
ampm
交番
周防町筋
島之内教会
地下鉄御堂筋線
戎橋郵便局
御津八幡
神社

玉井さんの目が行き届くディスプレイは大胆×個性的。それにスタッフの乙女フレーバーをプラス。

027 | tapie style

タピエ スタイル／雑貨＆ギャラリー　MAP P29

9年前、「スタイリストのアシスタントをしているのですが、ここが好きなので空いた時間で働きたいです!」という大胆不敵で世間知らずな私を、さらに上をいく大胆さで雇ってくれたオーナー玉井さん。そのセンスでセレクトされ続ける雑貨はかわいいけれどちょっぴりスパイシーで、私のトキメキ“ここにしかない”がたくさん。働いていたひいき目じゃなく、スタイリストの眼、雑貨好きの眼でも、ほかにはない特別なタピエ色を感じます。

大阪市中央区南船場4-4-17 HS南船場BLD.B1　☎06-4963-7450　12:30〜19:30　不定休　地下鉄御堂筋線・長堀鶴見緑地線心斎橋駅③出口より徒歩3分　www5f.biglobe.ne.jp/˜tapie/

『アンティパスト』の靴下とインポートのリボンは大阪一(もしかしたら関西一!?)の品ぞろえ。外国の包装紙もたくさんあるのでラッピングを考える時間も幸せ。

153 | MONDE MAP P29　主にフランスで買い付けてきた古着と雑貨のお店。シック＆ポップで程よく力が抜けた雰囲気が、リアルにパリっぽくてセンス抜群。『027 tapie style』へ下りる階段のすぐ横にあります。☎06-6252-8161

028 | VISQ

ビスキュ/アンティーク家具&雑貨　MAP P29

一目惚れの雑貨が非売品だった時、しょんぼり防止のために私はお店をすぐ出ます。でもここはそんなこととは無縁！ 目に入るものはすべて購入可能で、とにかく安い。広い店内には、アメリカからのノンジャンルなユーズド家具と雑貨、さらに建材までそろうので、お店をやっている人がディスプレイ用品を探しに来ることも多いそう。実際、大阪のお店で『VISQ』の什器をよく見かけます、私の家にも家具だけで1、2、3…5つも!

大阪市中央区久太郎町4-2-3 中井ビル1F　☎06-6251-2314　11:30〜20:00　不定休　地下鉄御堂筋線本町駅⑮出口、四つ橋線本町駅㉑出口より徒歩2分　www.visq.com

ずんずんと積み上げられた家具の中には、奥の工房でリペアされたものもあります。

子ども部屋のコーナーには、ベビー服も充実。2か月に1度のコンテナ到着時に一体どうやって？と不思議議なぐらい大胆にディスプレイが変化します。

154 | citrus paper MAP P29　大きな窓と木の床が温かみを感じる店内には、東ドイツや東欧などのヨーロッパの蚤の市で集められた食器や布などの雑貨が。どの商品も絵本の中から飛び出して来たかのようなキュートな色合い！　☎06-6245-1631　www.k4.dion.ne.jp/~citrus-p/

ビルに一歩入れば、背筋がピンと伸びるような厳かな雰囲気。窓は同一サイズ、デザインでそろえられています。エレベーターでなく階段を上って、1階の格子柄のタイルの床を眺めてみて。

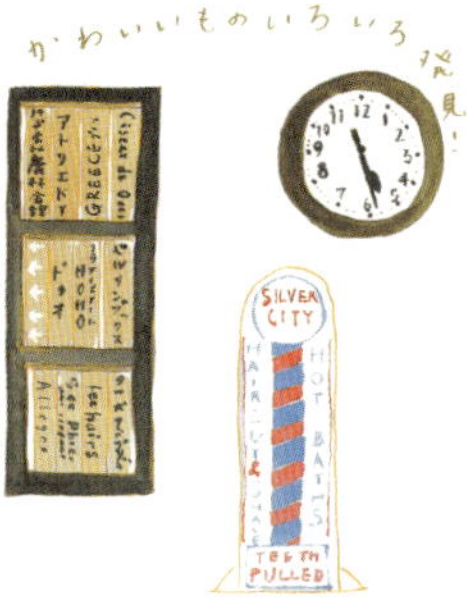

各フロアには、それぞれのお店の木の表札がかけられています。ここで新しいお店の発見も。

029 | 大阪農林会館

おおさかのうりんかいかん/ビル　MAP P29

昭和5年建築の風格あるレトロビル。各階の廊下にある重厚な金庫の扉は、ここが元々三菱商事大阪支店だった名残り。ビルの中には『マルタンマルジェラ』をはじめ、スタイリッシュな服屋や本屋、ヘアサロン、写真ギャラリー、メイクスクール、和食屋とバラエティに富んだお店が並ぶものの、3.3メートルの天井と白い壁、濃茶のふちどりの効果で空気はあくまでも静かで穏やか。夕日の時間の階段と廊下がロマンチックでおすすめです。

大阪市中央区南船場3-2-6　大阪農林会館　TEL・営業時間・定休日はショップにより異なる　地下鉄御堂筋線・長堀鶴見緑地線心斎橋駅②出口より徒歩5分
www.ny.airnet.ne.jp/nourin/

155 | サンタ・マリア・ノヴェッラ大阪　MAP P29　店内に一歩入るとすばらしい香りに包まれます。ここはフィレンツェで800年もの歴史を誇る世界最古の薬局の製品がそろいます。ローズウォーターが有名ですが、8種類のフレグランスから選べるミルクソープ（1,995円）も人気。☎06-6261-3805　www.santamarianovella.jp/

天井が高く、まるで外国の文具屋さんのよう。フランス・イタリア・オランダからやってきた、日本では見たことのない珍しいアイテムも。

030 | FLANNAGAN

フラナガン/洋書&輸入文具　MAP P29

街で見付けたことをすぐにメモできるよう、私の右ポケットにはいつもボールペンが。お気に入りのボールペンは、キレイに塗れた爪を見るのと同じぐらい、密かに私をウフフとさせてくれます。そんなお気に入りのボールペンが見付かるのがこちら。アンティークというより、実際に使えるかわいい文房具や機能的で気の利いた道具が中心で、男子高校生の集団に遭遇するのも納得。道具にうるさい彼もここではご機嫌です。

大阪市中央区南船場3-2-6　大阪農林会館4F　☎06-6120-2416　12:00〜19:00　水休　地下鉄御堂筋線・長堀鶴見緑地線心斎橋駅②出口より徒歩5分
www.flannagan.biz/

031 | Berlin Books

ベルリン ブックス/本　MAP P29

規則正しく並んだ背の高い木の本棚には、本がキレイに並び、それをお行儀よく吟味するお客さん。レトロビルの中ということも手伝ってか、どことなく凛とした空気が漂う店内ですが、値段はいたって良心的。セレクトされた新刊と古本は両方とも回転が速いので迷わず買う潔さを。学生さんや美大生、デートで訪れる若い人が多いそうです。

大阪市中央区南船場3-2-6　大阪農林会館ビル212号　☎06-6245-7781　12:00〜20:00　火、第3水休　地下鉄御堂筋線・長堀鶴見緑地線心斎橋駅②出口より徒歩5分　www012.upp.so-net.ne.jp/berlin/

実は写真集がたくさんそろっている穴場のお店。『olive』のバックナンバーも良心的な値段でそろっています。もちろん買い取りもしてくれるので相談してみて!

156 | FETE MAP P29　らせん階段を登ってドアを開けると、そこはまるでおしゃれな友人の部屋のようなくつろいだ雰囲気。気取らない絶品メニューに、ついついお酒が進みます。スイーツが豊富なのもうれしい。☎06-6282-1336

木をいっぱい使った店内は気持ちがよくて、ついつい長居。シュライヒやロシアの陶器の動物たちの隣にはもちろんリサ・ラーションの作品も。

032 | dieci207

ディエチ207/雑貨　MAP P29

北浜編で紹介の北欧専門雑貨店『dieci（P88）』の2号店。こちらは同じ北欧でも生活雑貨がメイン。「すぐに使えるもの」と店主の言葉通り、伝統的な白樺やねずの木のバスケット、アラビアのビンテージマグ、デッドストック生地は派手さはないけど毎日使えるセレクトで、生活にも撮影小物としても頼もしい存在。今後は日本の伝統的なものや職人さんの手作りものが並ぶ予定とか。ますます店主とのお喋りがはずみそう。

大阪市中央区博労町4-3-14 柴田ビル207　☎06-6121-7220　13:00〜20:00　火休　地下鉄御堂筋線・長堀鶴見緑地線心斎橋駅③出口より徒歩5分　www.dieci207.com

033 | de naja plus

ドゥ ナヤ プラス/アンティーク家具&雑貨&カフェ　MAP P29

京都・久御山の中古家具屋『de naja』の姉妹店（旅に余裕のある人はぜひ本店も!）。ヨーロッパ製家具と雑貨、そしてオーナーが関西一の品ぞろえ!と胸を張るヴィンテージの壁紙。働き者の女の子スタッフや、値段までもが「これあってる?」って思うくらい、お店の中は何から何までかわいい。出会って1年なのに私の食器棚はドゥナヤ3号店になりそう。

大阪市西区新町1-2-13 新町ビル104号　☎06-6532-9502　11:30〜20:00　火休　地下鉄四つ橋線四ツ橋駅1-A出口より徒歩3分　de-naja.ocnk.net/

ロマンチックな壁紙の店内では、美味しくて安心がモットーの健康的なメニューがいただけて幸せ。コーヒーが飲めない私でも迷うくらいある飲み物、これも幸せ。

157 | レトロ雑貨REA REA MAP P29　ミッドセンチュリーのポップな家具や雑貨がこんなにそろうお店は、大阪ではここだけ。まさにレア物の逸品からキッチュな小物まで、デザイン好きにはたまらないセレクト。ぜひボーイフレンドと行ってみて。☎06-6252-3120　www.rearea.com/

034 | souvenir du mondo

スーヴェニール ドゥ モンド/雑貨　MAP P29

元々はwebショップからはじまったお店。とはいえ、フランスやドイツ、東欧からやってきたという雑貨たちが、壁が見えないくらいきっちり並ぶ店内はかなり見ごたえあり。「ゆっくり見てもらえるように」と、南船場の中心から少し外れた所にお店を作ったオーナーの思い通り、一つひとつ丁寧に手に取るお客さんが多く、気付いたら30分、なんてこともよくあるそう。

大阪市中央区南船場2-2-28 順慶ビル205　☎06-6263-8087　12:00～19:00　月休　地下鉄堺筋線・長堀鶴見緑地線長堀橋駅2-B出口より徒歩3分　www.air-souvenir.com

カラフルなキッチン雑貨から、中古カメラ、アンティークのスタンプ、リボン、切手…かゆいところに手が届く多種多様な品ぞろえゆえ、旅のお土産探しにも。

035 | Panie

パニエ/雑貨&カフェ　MAP P29

フランスのパリから田舎町を旅して買い付けてきた、女の子の気持ちをくすぐる素朴で愛らしい雑貨たち。ザ・フランスなマルシェバッグもここでは持ち手を長くしたり、生地を貼ったり、と毎日使ってもらえるよう乙女なカスタムに。『repetto』のコーナーはおしゃまさんなら「絶対バレエやりたい!」と思うぐらい充実した品ぞろえです。

大阪市中央区南船場2-2-28 順慶ビル207　☎06-6264-1086　12:00～19:00　月・火・水休　地下鉄堺筋線・長堀鶴見緑地線長堀橋駅2-B出口より徒歩3分　www.panie-aru.com

アンティークリネンの服やオリジナルの大人服、子ども服も。栄養士でもあるオーナーが焼く、オーガニックのクグロフケーキは店内でいただくこともできます。

158 | ウイングド・ウィール 心斎橋 MAP P29　メールの時代だからこそ大切にしたい、手紙用品のお店。色とりどりのこだわりぬいた美しい便箋・カードを見ていると、送りたい大切な人たちの顔が浮かんできます。オリジナルカードは、彫刻版や箔押し加工のサービスも。☎06-6245-8430　www.winged-wheel.co.jp

036 | muku

ムク/雑貨　MAP P29

レトロビルの長い廊下を奥へ奥へと進むと、白い三輪車にMUKUという看板。お店の名前通り、素直で飾らない日本のお道具は、地方の古道具屋と蚤の市で買い付けられたもの。「昭和の少し古いものを若い人にも使って欲しいから」という店主の言葉通り、古くても清潔できちんと役割を果たす道具と小さい家具がそろいます。一見凛としているのに話し出すとかわいらしくなる店主に会うのも楽しみの一つ。不定休なので一度電話で確認がおすすめ。

大阪市中央区南船場3-2-13　安栄ビル1F25号　☎06-6251-1639　12:00～18:00
不定休　地下鉄御堂筋線・長堀鶴見緑地線心斎橋駅①出口より徒歩5分

愛らしい昭和の子ども用ピアノ。子どもサイズの古机には『cototoko』の焼き菓子も並びます。

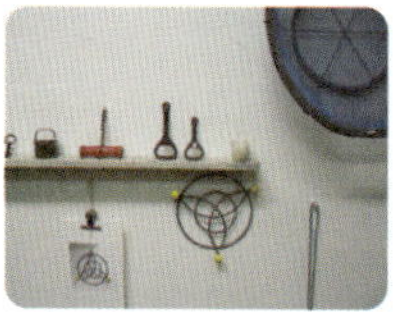

古道具と日本の作家ものが同居する店内。白い壁にぽつんぽつんと並んだ雑貨は少し錆びていたり、小さな傷があったりと、歴史が感じられて乙女心をくすぐります。

159 | 蛸家　MAP P29　大阪のソウルフードがここでいただけます。ネギぶっかけ（500円）にすじこん（500円）がおすすめですが、たこ焼きだけではなく、大人のポテト（390円）や炒め物メニューなども充実。夏は店先でのお疲れさまビールが美味！ お店の雰囲気にいつもホッとしてしまう。☎06-6282-9055

女の子の憧れが詰まったガラス棚。リネンやパブリシティアイテムはコンディションのいいものばかり。買い付け時は、臨時休業のこともあるので電話で確認を。

037 | サンカントサンク

サンカントサンク/雑貨　MAP P29

南フランスとパリからの正統派アンティークやブロカント雑貨は、どれもかわいいだけじゃなく物語を想像させてくれます。日々の生活で使うことはなくても、眺めるだけで“血中乙女濃度”の上がるモノって女の子なら一つはあるはず。私は、凛々しいうさぎの銀の燭台！ 物語を引き継いで、ずっと大切にしたい運命の子に出会えます。

大阪市中央区南船場3-2-13 安栄ビル2F-55 ☎06-6244-1830 13:00～19:30 不定休 地下鉄御堂筋線・長堀鶴見緑地線心斎橋駅①出口より徒歩5分 www.cinquante-cinq.com

038 | gatto

ガット/アクセサリー＆雑貨　MAP P29

“ガット”はイタリア語で“猫”。上品なグリーンの壁の店内には猫好きオーナーが手作りした個性的なアクセサリーを中心に、作家モノのニット&布雑貨やペーパー雑貨が並びます。オーナーのセンスとレトロビルの雰囲気がぴったりと合った素敵なお店です。アンティークの香りがする雑貨もプチプライスで展開。財布のご機嫌に合わせてお買い物が楽しめます。

大阪市中央区南船場3-2-13 安栄ビル2F-72 ☎06-6245-3782 12:00～20:00、日祝～18:00 水、第2・3木休 地下鉄御堂筋線・長堀鶴見緑地線心斎橋駅①出口より徒歩5分 gatto72.exblog.jp

壁にはたくさんのカゴがディスプレイ。テープやレースなどの手芸アイテムがそろうので、お店でアイデアを練る手芸好きさんも。手作りピンクッションが人気。

160 | HANS MAP P29 豊富なフレッシュケーキに焼菓子は、ちょっとした差し入れに重宝する街のケーキ屋さん。卵黄プリンはとろーっとなめらかな仕上がりでおすすめ。レーズンサンドにスタンプされたHANSのロゴにキュンとしてしまう。☎06-6252-0776 www.hans-yougashi.com

039 | colombo

コロンボ/古本&雑貨　MAP P29

真っ青なカーペット、大きい窓、ジャンゴ・ラインハルト、白い手すりの階段、壁一面の木の本棚…男の子チョイスなインテリアにハンサムな猫が。アメリカとヨーロッパ各国でセレクトされた60〜70年代の雑貨が並ぶフロアから階段を上がると古本のフロアへ。前は“雑貨屋のコロンボ”だったけど、今は“古本屋のコロンボ”として活用している人が多いかも。でも、ひょっとすると1番多いのは、“猫のコロンボ”だったりして。

大阪市中央区南久宝寺4-3-9 丸盛ビル3・4F ☎06-6241-0903 13:00〜20:00 水休
地下鉄御堂筋線・長堀鶴見緑地線心斎橋駅③出口より徒歩10分 www.colombo.jp

ファンレターが届くくらい美猫のジャンゴに猫好きは間違いなくメロメロに。

雑貨を探したり、本を読んだり(座り読みができるイスもアリ!)、猫のジャンゴを眺めたり、ジャンゴと遊んだり…で2時間いる人も。私は、+店主とお喋りも。

161 | CENTRAL BANCO MAP P29 南船場から四つ橋筋を超える手前にあるバール。エスプレッソのイメージもさながら、お料理もとっても美味。落ち着く空間なのでついつい長居してしまいます。雑貨エリアから少し離れて、休憩したい時におすすめ。☎06-6533-0012

南船場

040 | Small Room Music
スモール ルーム ミュージック/ウクレレ教室　MAP P29

ウクレレ奏者の井瀬君と初めてお喋りした時、私は笑いすぎて腹筋が痛くなりました。街で見かける彼は、マッシュルームカットにベレー帽、ボーダー。さぞフレンチがお好きなのねというビジュアルだったのに、会話はザ・大阪人。恐れ知らずな私の「弾いて！」にも笑顔で応えてくれ、それ以来大の仲良し。ウクレレと腹筋を鍛える教室…なんて魅力的！

大阪市中央区南船場4-4-17 HS南船場BLD.402
☎050-1553-8808　12:00～21:00　不定休　地下鉄御堂筋線・長堀鶴見緑地線心斎橋駅③出口より徒歩3分　www.geocities.jp/small_room_music/

レッスンは1時間。個人レッスンは3,000円、グループレッスンは2,500円。それぞれワンドリンク付き。初心者さんにはウクレレの貸出しもあるので安心。

041 | prideli graphic lab
プリデリ グラフィック ラボ/雑貨　MAP P29

欧米を中心に買い付けられた雑貨は、お土産気分の1点モノが多い。雑貨と半々の割合で並ぶ洋服は、古着をリメイクした『3rd hand』というブランドを中心に、オリジナルプリントのTシャツやポーチ、バッグなど。不定期で開催されている素敵なイベントや最新情報は、ホームページでチェックしてみて！

大阪市中央区南船場2-4-19　☎06-6125-1488　11:00～20:00　無休　地下鉄堺筋線・長堀鶴見緑地線長堀橋駅2-B出口より徒歩2分　www.prideli.net

『3rd hand』や雑貨の一部は店の一角のオープンなアトリエで作成中。最近オリジナルキャラクターのイエティー（雪男）も人気。クールな顔にキュンときます。

162 | 浜崎健立美術館 MAP P29　南船場カルチャーの発祥のシンボルとなる赤い建物。世界各国でパフォーマンスやアートな活動を展開する浜崎健さんのプライベートギャラリー&ミュージアムショップ。南船場で全身赤一色の人に出会ったならそれは浜崎さんかも。☎06-6241-6048　kenhamazaki.jp/

3階のギャラリーの展示は、1週間サイクルで変わるので、まめにチェックしているうちにカウンターの常連に!というコースも多い。24時まで開いているのもステキ。

042 | ANDS

アンヅ/雑貨&カフェ&ギャラリー　MAP P29

ここは雑貨を買いたい人はもちろん、コーヒーを飲みたい、本を探したい、絵をみたい、ライブで踊りたい、お酒を飲みたい、カウンターで大笑いしたい…と南船場一、いろんなわがままを聞いてくれます。キッチュな雑貨と洋書の隣にカフェがある2階と、“大阪からスターを!”精神で、アートだけじゃなく演劇や音楽を発信中の3階ギャラリー&パブ。あ、最近は編み物したい、もかなえてくれるのでスケジュールはホームページでチェックチェック。

大阪市西区新町1-2-6 ニュー新町ビル2F　☎06-6535-0470　12:00〜21:00　火休
地下鉄四つ橋線四ツ橋駅1-A出口より徒歩4分　www.andsshop.com

雑貨&カフェ&本&ギャラリー&パブ&人…いろいろな“&”が集まった『&'s』です。

163 | 長堀サイクル　MAP P29　長堀橋の駅近くにある自転車屋さん。貸自転車もあるのでここで自転車を借りて、お店巡りへ出発! 歩いて行くには遠いあのお店にも行けます。レンタル料は500円。借りる際、保証金として4,000円を預けます。日祝はお休みです。☎06-6261-4150

インテリアは正木さん担当。「テーマは中国女」とこれは真面目なお答え。時期によって違うものの、メンズとレディース半々のセレクト。

043 | SATELLITES サテライツ/アパレル MAP P29

『green』、『homspun』、『ippei takei』、『mando』…と今をときめくキリリとしたブランドが並んでいるのに、今季のテーマは?の質問に「僕は一世風靡か吉川晃司やね」と答える正木さん。そんな相方に苦笑いしながら「レディースは違います」とフォローする岡本さん。「デートで来る人が多いねん」の理由は、2人の“セレクト眼”に魅せられたり、夫婦漫才に憧れたりしている人も多いから。

大阪市中央区南船場4-9-2 桜ビル2F ☎06-6252-8171 12:00～21:00 第2水、第2木休 地下鉄御堂筋線・長堀鶴見緑地線心斎橋駅③出口より徒歩7分

044 | eu

エウ/アパレル MAP P29

木の質感がかわいい店内に並ぶのは、どこかに手仕事の香りがするデリケートで可憐な洋服やアクセサリー。『GASA*』、『mother』、『FOR』、『warp & woof』…なかでも私が最近特にうっとりさせられるのは『la fleur』の髪飾りやコサージュ。ぐんぐん広がる“オシャレ妄想”でいろいろ迷ってしまいます。お隣の部屋は『ミナペルホネン』のパートナーショップ。

大阪市中央区博労町4-3-15 平松ビル3F ☎06-6245-3799 12:00～20:00 不定休 地下鉄御堂筋線・長堀鶴見緑地線心斎橋駅③出口より徒歩7分 www.eu-hp.com

乙女心を持ち続ける大人の女性のためのクオリティ、ディテールにこだわったセレクトだけあって、一つひとつのアイテムにストーリーがあります。

164 | ペーパーボイス MAP P29 プロも愛する紙の専門店。店内には素材も色も様々な紙たちが棚にずらりと並びます。たくさんの紙の中から見て触ってあなただけの一枚を見つけて! 隣にはギャラリーが併設されており、紙にまつわる作品が展示されています。☎06-6262-0902 www.heiwapaper.co.jp

かわいいがギュッと詰まった
ZAKKA天国vol.2

堀江エリア

お店がいっぱい集まっている立花通り周辺は
土日になるとオシャレな人たちでにぎわうメインスポット。
この通り以外にも、目が♥になるような乙女なお店がたくさん!

東 ゆうな

公園の自然を感じながら、“かわいい”ZAKKAをゆっくり探せます。メインとなる立花通りは、必ずチェックして欲しいけど、通りから外れたところにも、乙女なお店がたくさん点在しているので、見逃さないで!

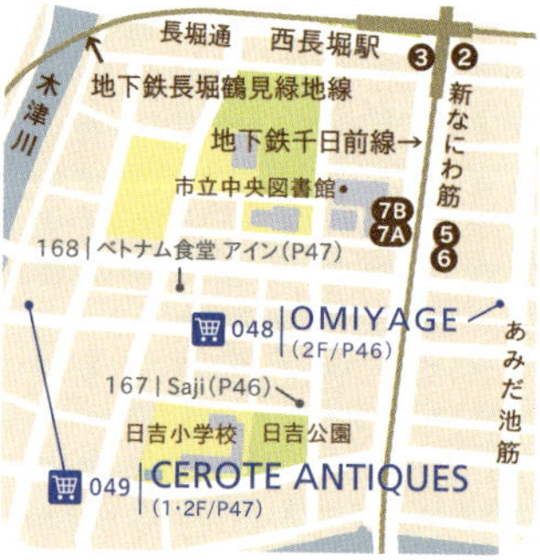

N
地下鉄長堀鶴見緑地線
西大橋駅
西消防署
長堀通
四つ橋
長堀通
西大橋
ミニストップ
ファミリーマート
中国銀行
デイリーヤマザキ
ローソン
最勝寺
045 shamua（欧州館 3F/P44）
047 CHARKHA（山名ビル 1F/P45）
015 Luna-es（1F/P25）
四ツ橋駅
北堀江病院
057 ロカリテ（第一北堀江ビル 2F/P51）
056 ちょうちょぼっこ（4F/P50）
169 | RuE Lapin（P48）
ampm
ファミリーマート
ampm
166 | ル・ピノー（P45）
西労基署前
165 | prickle（P44）
交番
大阪西労基署
堀江公園
kNot
058 cafe Mode（中澤唐木ビル 3F/P51）
172 | muse Osaka（P51）
171 | NUTTY（P50）
053 A-STYLE（P49）
054 shop DETAIL（P49）
萬福寺
地下鉄四つ橋線
052 swap meet market（P48）
阪神高速1号環状線
セブンイレブン
立花通
055 RISH DECO（P50）
170 | fig 1000 fig（P49）
西道頓堀橋北
南堀江公園
なにわ筋
ファミリーマート
四つ橋筋
大野記念病院
なんばSSビル
046 dent-de-lion（山五ビル 2F/P45）
道頓堀川
西道頓堀橋
020 Sept mignon（P25）
051 3Feet High（P48）
桜川駅
湊町リバープレイス なんばHatch
阪神高速15号堺線

階段を上がりきるといきなり男子！なお店があるけど気にせずそのままずんずんと奥へ。

045 | shamua

シャムア/雑貨&カフェ　MAP P43

普通のビルのらせん階段をクルクル上がると、そこには女の子の目が♥になる小さな部屋が。フランスを中心に買い付けられたアンティーク雑貨やクロス類、洋服がギュギュっとまるで蚤の市みたいに並び、どこから見たらいいのかわからないくらい。「かわいいフランスものを実際に使って欲しい！」というオーナーの気持ちからお値段も現実的プライス。キュンとくる賢い生活雑貨が多いので、私の撮影小道具探しのお決まりコースに入っています。

大阪市西区北堀江1-6-4 欧州館3F　☎06-6538-9860　12:00〜20:00　水休
地下鉄四つ橋線四ツ橋駅④出口より徒歩3分

カフェスペースでマンツーマンのフランス語教室を受けると、気分はもうパリ！ ほかにワニコーヒーの淹れ方講座や写真教室も。飛び込みお稽古も可。

165 | prickle MAP P43　絵本のひとコマのようなかわいい店内に一歩入ると、うさぎやわんこ、くまとばっちり目が合います。大きな窓からは堀江公園の緑や楽しそうな人たちが見える居心地のよい雑貨店。ハンドメイド作家のぬいぐるみのワードローブにも注目して。☎06-6532-3009　www.prickle.jp

甘すぎず、すっきりした雰囲気の店内。日本全国、30人ぐらいの作家さんの作品が。それぞれ季節ごとに商品を入れ変えるので頻繁に新作が並びます。

046 | dent-de-lion

ダン ドゥ リオン/雑貨　MAP P43

関西在住の作家モノが好きな女の子なら1度は行ったことがあるはずといっても過言じゃない、作家モノ雑貨老舗店。かわいいだけじゃなく大人にも満足してもらえるクオリティーの高さ、という基準で選ばれた繊細な作品はどれも個性的。『tapie style（P30）』で開催されたこともあるバッグ制作教室は、飛び込みでも受け付けてくれるので問合せして。手作りが苦手なら、人気バッグのセミオーダー会もあります。

大阪市西区南堀江1-14-28 山五ビル2F ☎06-4390-4110 12:00〜19:30 水休 地下鉄四つ橋線四ツ橋駅⑥出口より徒歩7分 www.dent-de-lion.net

047 | CHARKHA

チャルカ/雑貨&カフェ　MAP P43

「東欧と言えばチャルカ、チャルカと言えば東欧」。雑貨辞書があればきっとそう書かれるはず。流行に関係なく東欧が好きという気持ちが変わることなく感じられ、もはや全国の雑貨好きの定番ショップに。それでも、ひと月ごとに替わるテーマやフィルム上映イベント、年2回の東欧買い付けツアーなど、次は?と好奇心をくすぐり続けられる、尊敬しているお店です。

大阪市西区北堀江1-21-11 山名ビル1F ☎06-6537-0840 11:30〜19:00 火休 地下鉄長堀鶴見緑地線西大橋駅④出口より徒歩3分 www.charkha.net www.knoflik.net

この月の特集はキノコ。子どもっぽくない大人なキノコが静かに並びます。喫茶ではその月のテーマにちなんだメニューや東欧のおふくろの味的現地ゴハン&ビールも。

166 | ル・ピノー MAP P43　人気の洋菓子店の本店。「きさんじ」「船場丁稚上がり」「RIKYUはん」など浪花言葉のネーミングのお菓子がいっぱい。フロマージュスフレなど、お土産にするときっと喜ばれるはず。☎06-6538-0612

048 | OMIYAGE

オミヤゲ/雑貨　MAP P42

世界を旅するオーナーが見付けた宝物のお裾分け、オミヤゲ型トレジャーセレクトショップ。初めて見るものにドキドキする私は、ここにくるとドキドキしっぱなし。オランダ、ドイツ、アメリカ、メキシコ、タイ、ベトナムとノンジャンルな国から集まってきているのに、なぜか一つの国からやってきたように感じるのは、きっとオーナーの“オミヤゲ眼”がズバ抜けているから。関西国際空港にこのお店があったらいいのに、といつも思います。

大阪市西区南堀江3-12-1 2F　☎06-6533-6141　13:00〜22:00　月、第2・3火休（祝の場合は翌休）　地下鉄長堀鶴見緑地線西長堀駅⑥出口より徒歩5分
omiyage.upper.jp

メキシコのマリア、中国のドラゴン、ロシアのマトリョーシカ、日本のこけしが仲良く並ぶ棚。

ライトと下着と模様替えが大好きなオーナー。営業時間もライトが素敵に見える時間が長いように、と夜型。この黄色い壁も半月後にはミントグリーンに。

167 | Saji MAP P42　作品のよさはお店の方の手にも掛かっている。ここでは一つひとつのものが大切に置かれていて、ここにしかない空気感。毎月一度のウィンドウマーケットは朝穫り野菜やオーガニックのブーケなどが売られ、いつもとは違う雰囲気です。日程は要問合せ。☎06-6541-2008　www.saji-3.jp/

40～70年代の上品な家具たち。でも足もとの海賊の定番風宝箱を開けると、ジャンクでキュートなヌイグルミが。

049 | CEROTE ANTIQUES

セローテ アンティークス/家具&インテリア雑貨　MAP P42

古き良きアメリカンアンティークの家具と雑貨…なんていうと、とってもお上品に聞こえるけど、大阪らしく“いい物をより安く”精神があるから本当に安い。1階は家具、2階は宝探し…普段もそんなセローテだから、2か月に1度のコンテナが届いた直後は、人によってマスクと軍手が必要かも。でもその日、私はマスクも軍手も付けずに駆け上がる勢いで見に行きます。それぐらいここの2階は魅力的なんです。

大阪市西区南堀江4-31-14 1・2F　☎06-6531-5705　11:00～20:00　火休　地下鉄長堀鶴見緑地線西長堀駅7-A出口より徒歩8分　www.cerote-trading.com

050 | flame

フレイム/照明&雑貨　MAP P42

シフォン・ボンボン・ワッフル・サブレ・ショコラ…これは全部オリジナルの照明に付いている名前。甘いネーミングとはうらはらにすっきりとモダンな照明は、地元関西の職人さんが一つひとつ手作りしているというエピソードを知ってから、前より温かな明かりに思えます。いっしょに並ぶ雑貨や書籍、緑の鉢植えたちもどこかピースフル。

大阪市西区南堀江3-2-16　☎06-6533-8051　11:00～20:00　水休　地下鉄長堀鶴見緑地線西大橋駅③出口、西長堀駅⑥出口より徒歩5分　www.flame-product.com/

主役にも脇役にもなれる、いっしょに暮らしてみたい照明がいっぱい。2階は、生活シーンで構成されたショールームになっていて空想（妄想？）の世界へまっしぐら。

168 | ベトナム食堂 アイン　MAP P42　民家のなかにぽつんと存在。この周辺では希少な休憩どころ。ベトナムの小さな食堂をイメージさせる内装と癖になる美味しさに通いづめ。野菜たっぷりの麺やお昼の皿めしのセット（700円～）、ベトナムコーヒー（500円）。☎06-6536-2786　www1.neweb.ne.jp/wb/indochina/

入口は大人用、3フィート用の2つ。2階へと階段を上がるとベビーベッドやイス、三輪車など、大きめアイテムが並びます。

051 | 3Feet High

スリーフィート ハイ/子ども服　MAP P43

3フィート＝91.44センチ、これは3歳くらいの子どもの身長。ここはそんな3フィートキッズが「帰りたくなーい!」って泣いてダダをこねる、ママは覚悟!なお店。大人顔負けのデザイナーズブランドやパリのお嬢ちゃまテイストのインポート子ども服など、ママがスタイリングに夢中になり過ぎても、ボクはセレクト絵本や北欧テイストの木のオモチャで遊んだり、ひと休みできて…ほら、「帰りたくなーい!」。

大阪市西区南堀江1-14-2　☎06-4390-8015　12:00〜20:00　不定休　地下鉄四つ橋線四ツ橋駅⑥出口より徒歩5分　www.3feethigh.jp/

052 | swap meet market

スワップ ミート マーケット/子ども服&家具　MAP P43

目の前の堀江公園という広いお庭が付いたお家のようなお店。1階には、デッドストック生地やアンティークボタンをあしらった子ども服を中心に、素朴な木のオモチャ。それだけでも充分かわいいんだけど、特に好きなのは屋根裏のような2階。ポツポツと並ぶ小さめの家具は子ども部屋にもピッタリ。子どもじゃないけど私もここでイスを2つ買いました。

大阪市西区南堀江1-14-21　☎06-6538-8448　11:00〜19:00　無休　地下鉄四つ橋線四ツ橋駅⑥出口より徒歩6分

ヨーロッパのアンティーク家具がそろいます。おじいちゃんが日曜大工したみたいな古くて、愛らしい家具は、それぞれの優しい歴史を想像せずにはいられません!

169 | RuE Lapin MAP P43　店長のnokoさんがつくるアクセサリーはフランスのエスプリが効いています。それもそのはず、パリでみつけたアンティークビーズやボタンを使っているから。手作り作家の作品も丁寧に作られたものばかりで、ハンドメイド好きが伝わってくるお店。☎06-7492-8782　www.rue-lapin.net

カラフルな染色羊毛がたくさん並ぶ手芸コーナー。伊藤尚美さんのテキスタイルもフルラインそろっています。手芸部さん達が通ってくるのも納得。

053 | A-STYLE

エー スタイル/雑貨&カフェ　MAP P43

ひとり暮らしをはじめる人ならまず行くべき、大阪発の生活全般雑貨屋さん。1階が洋服、2階がカフェ、3階が雑貨と、長時間滞在型ショッピングが楽しめます。「5年先でも使える」という基準でセレクトされたシンプルで機能的、でもプチプライス!な雑貨はすぐに自分の部屋にあるのがイメージできるものばかり。サープラスモノやCDもあるのでデートで訪れる人も多いそう。

大阪市西区南堀江1-14-29 ☎06-4390-8808 11:00～20:00 無休 地下鉄四つ橋線四ツ橋駅⑥出口より徒歩3分 www.aida-inc.com

054 | shop DETAIL

ショップ ディテール/インテリア雑貨　MAP P43

ブレイク中のアーティストをブレイクする直前にいち早く紹介したり、アーティストとのコラボでアートな雑貨を展開したり、雑貨モード界の旬に強いお店。広い店内にはアメリカ、アジア、フランス、ドイツ…と海外からの個性的なアイテムが並ぶので、お店のディスプレイや撮影用にと、探しに来る人が多いそう。もちろん、私もそのなかの一人。

大阪市西区南堀江1-24-17 ☎06-6539-8161 10:30～20:00 無休 地下鉄四つ橋線四ツ橋駅⑥出口より徒歩7分 www.detail.co.jp

ヴァイナル、トード・ボーンチェのアイテムは全種類そろいます。スタッフによって1・2か月ごとに変わるディスプレイコーナーも楽しみの一つ。

170 | fig 1000 fig MAP P43 女の子ならではのきれいな色、花柄やドット柄、レースやリボンを使ったキュートなお洋服のお店。Figの服を着ている日は幸せな気持ちが周りの人にも伝わってみんなまでハッピーにしてくれる! デイリーに着られるおさえめプライスも魅力的。☎06-6535-0690 www.fig1000fig.com

かわいく大人なアクセサリーがいっぱいです!!
RISH DECO

055 | RISH DECO

リッシュ デコ/アクセサリー　MAP P43

「それどこの?」って必ず聞かれるおしゃれアイテムってありませんか? そんなアクセサリーブランド『RISH DECO』初のフラッグシップショップ。"デリシャス"がテーマという店内には、オリジナルパーツやヴィンテージパーツをあしらったスイートでチャーミングなアクセサリーが散りばめられています。"かわいい"に欲張りなレディース&ガールズも大満足。

大阪市西区南堀江1-14-14　☎06-6532-1944　12:00〜20:00　不定休　地下鉄四つ橋線四ツ橋駅⑥出口より徒歩5分　www.rishdeco.com

グラマラスなレディにおくる『RISH DECO』と、キュートなガールにおくる『RISH CHARM』。個性的なパーツが多いので、アクセが主役!なスタイリングにぜひ。

貸本喫茶

店名は本を開いた形がちょうちょの羽に似てることと、ひなたぼっこのぼっこから。会員の年会費は300円、貸出料金は1冊1週間100円。2週間200円。

懐しのあの少女漫画も☆

056 | ちょうちょぼっこ

ちょうちょぼっこ/貸本喫茶　MAP P43

4人の本好きさんが自分たちの本を持ち寄って開いた、小さな私設図書室または貸本喫茶。街の図書館には置いていない古本やカルチャー誌、ミニコミ、そして漫画を1杯350円の珈琲(ほか、紅茶やチャイもあり)で閲覧できます。ご近所なら週末のお楽しみに、旅の途中でも休憩、お土産本探し、本好き店主と本のおしゃべり…と楽しみ方はいろいろ。

大阪市西区北堀江1-14-21 第一北堀江ビル402　☎06-6538-6166　金18:30〜21:00、土・日13:00〜21:00　第1〜3金・土・日のみ営業　地下鉄四つ橋線四ツ橋駅⑥出口より徒歩2分　www.geocities.co.jp/chochobocko/

171 | NUTTY MAP P43　50-60年代のヴィンテージの洋服を中心に、アクセサリー(イヤリングなども充実)、キッチン用品などかわいい小物もいっぱいの宝箱のようなお店。色もきれいで、見ているだけでワクワクしちゃいます。品ぞろえが本当に豊富。☎06-6536-0114　www.nutty-vintage.com

057 | ロカリテ

ロカリテ/カフェ　MAP P43

正しくつくられたものをちゃんと出す、そんな当たり前なことにこだわり、時間をかけて見付けた素材は、奈良の紅茶、兵庫産のほうじ茶、香川の和三盆糖、近郊のお野菜…とどれにもエピソードが。「この珈琲も近所で焙煎してもらってて‥」。注文の後、挽いて淹れられる珈琲の香りからもまっすぐな思いが伝わるはず。持ち帰れるおやつは堀江散歩のお供に。

大阪市西区北堀江1-14-21 第一北堀江ビル2F　☎06-6535-4180　12:00～22:00、土・日祝～19:00　月、第2火休　地下鉄四つ橋線四ツ橋駅⑥出口より徒歩2分　www.localiteweb.com

私の定番はポトフランチ（900円）。玄米の上に野菜と豚肉のフランス風煮込みをのせたもの。野菜がメインのシンプル料理だけど、大食いの私もきちんと満腹。

058 | cafe Mode

カフェ モード/カフェ　MAP P43

音響空間デザイナーが手掛けるスタイリッシュなカフェ。ここで休みの日に長時間本を読んだりしている私は、「図書館的に使ってもらえたら」というコンセプトを聞いてひと安心。パスタやガレット（そば粉クレープ）などのフードに、シードルやワインとアルコールも充実。女の子一人でお酒を飲みながら深夜まで本を読むというスタイルも多いそう。やっぱり!

大阪市西区南堀江1-14-26 中澤唐木ビル3F　☎06-6536-4788　12:00～23:00　月休（祝の場合は営業）　地下鉄四つ橋線四ツ橋駅⑥出口より徒歩5分

壁一面の窓には、堀江公園の気持ちのいい緑が目の前に広がります。涼しい季節にテイクアウトできる手作りの生チョコレートや、リスやネコの動物型チョコレートも人気。

172 | muse Osaka MAP P43　間宮吉彦さん設計による堀江のランドマーク的な建物。1Fはレストラン、2Fはギャラリー、3Fはサロンバー。10年経ても華やぎの褪せない風格。平日24時、金、土曜は翌2時までと夜遅くまで営業。堀江で働く人にとって心強いお店です。☎06-4391-3030　www.muse-osaka.com/

大阪のオアシス、ぐるり1周の旅

靭公園エリア

オフィス街を歩いていると突然現れる大きな公園、靭公園。
その周りを囲むように“かわいい”お店がたくさん。
のんびり1周の旅。森林パワーで気分も爽快!

徳好 琴美

自然いっぱいの雰囲気にぴったりの、ナチュラルテイストな雑貨屋さんやお洋服屋さんが並んでいます。歩き疲れたら、公園を臨めるカフェやレストランでランチもいいですが、テイクアウトして公園で食べるのが私のおすすめ。

N
京阪中之島線（建設中）
関電ビル
肥後橋
← 地下鉄四つ橋線
三井住友銀行
078 | 国立国際美術館（P65）
079 | graf dining:fudo（graf bld. 2F/P65）
リーガ中之島イン
土佐堀通
肥後橋駅
5A
5B
阪神高速1号環状線
扇町高校
市立科学館
8
6
7
077 | Calo Bookshop and Cafe（若狭ビル 5F/P64）
大阪教会
072 | DES DUR（富山ビル 1F/P61）
180 | SUPPE（P61）
肥後橋郵便局
075 | Café pub ami（P63）
土佐堀1
070 | VEGE EUPHORIA（P60）
西船場小
069 | SI-SHOP（P60）
京町ビル
デイリーヤマザキ
066 | RE-ADDRESS（P58）
江戸堀東公園
江戸堀郵便局
御霊神社
074 | バー立山（P62）
179 | Table Ocean（P60）
068 | Aのテーブル（P59）
182 | PAINDUCE（P63）
067 | ジィール（P59）
073 | BALTHAZAR（1F/P62）
178 | cavane（P59）
花乃井中
174 | PASTICERIA PIANO PIANO utsubo-kohen（P55）
181 | YOKOJI HAMBURGER（P62）
江戸堀中公園
なにわ筋
071 | Barbes（P61）
061 | HAP（3F/P55）
173 | 靭公園 西部方面公園事務所（P54）
076 | Bio shop Vitabien（1F/P64）
183 | volonte（P64）
175 | SIMPLE WISH（P56）
交番
065 | AB's食堂（1F/P58）
177 | AB's CLUB（P58）
ローソン
28
25
セブンイレブン
シャン・ベル・コート大阪
パークホテル
信濃橋
本町通
059 | 靭公園（P54）
27
26
シティルートホテル
四つ橋筋
本町駅
064 | tam-ram（高橋ビル 2F/P57）
176 | ERI flowers and candles（P57）
063 | château d'abeille（P56）
060 | MILBOOKS（三輪ビル 2F/P55）
交番
西本町
ニューオリエンタルホテル
阪神高速16号大阪港線
本町駅

059 | 靭公園

うつぼこうえん/公園　MAP P53

オフィス街に、突如現れる緑の空間。大阪のオアシス的存在である靭公園は、四季折々の過ごし方があります。例えば、春は桜の開花を祝い、夏は涼しい木陰でひと休み、秋は紅葉を眺めて、冬は澄んだ空気を吸いに…。自然からパワーをもらい、心が豊かになります。ベンチで青々とした緑を見ていると、与えられるだけではなく、私たちも平和に過ごせることの感謝の気持ちを自然に返してゆかなければ…と物思いにふけることもしばしば。 暖かい日は、お弁当持ってランチがおすすめです。

大阪市西区靭本町　地下鉄四つ橋線本町駅㉘出口より徒歩 5分

園内のベンチでは本を読んだり、お弁当を食べたり、絵を描いたり…とそれぞれのスタイルで。

約9,000平方メートルの園内には、151種3,200株におよぶバラが楽しめます! 5月中旬～11月中旬にかけて、鮮やかに咲くので必見です。

173 | 靭公園 西部方面公園事務所 MAP P53　なにわ筋を挟んで、バラ園がある東園と、テニスセンターのある西園に分かれています。公園事務所は、西園のセンターコート東側1階にあり、公園に関する情報はこちらからどうぞ。駐車場もあり。☎06-6441-6748

店内は足元から天井まで、ぎっしり本が並び、目移りしてしまう古書の世界に。仕入れに行かれている時は、お休みなので事前に連絡してください。

060 | MILBOOKS ミルブックス/本 MAP P53

雑貨屋さんや洋服屋さんが軒を連ねる通りにあるビルの2階に、古本を扱う書店があります。県外からも本好きがやってくるというから、その品ぞろえに注目! 国内の古本、古書を中心に、写真集やポストカードなど、ふらっと立ち寄った人にも十分楽しめます。「古い本を求めてここに来られ、昔誰かの愛蔵品だった本を手に取る。そんな不思議な出会いに喜びを感じます」と、少年のように話す店主も魅力的な方なんです。

大阪市西区靭本町1-14-9 三輪ビル2F ☎06-6444-5280 13:00〜20:00 水・日祝休 地下鉄四つ橋線本町駅㉘出口より徒歩5分 www.milbooks.com

061 | HAP

ハップ/アパレル MAP P53

1・2階にある『Barbes(P61)』の階段をそのまま3階へ。品よく並ぶオリジナルのお洋服たちは、オーガニックコットンに、染料も天然のものを使ったお肌に優しい素材が中心で着心地抜群! パリコレ参加経験もあるオーナー自らが、デザインから制作まで手掛けるこだわりっぷり。ほか、作家ものなど豊富なラインナップもうれしい。

大阪市西区靭本町1-3-27 3F ☎06-6479-9277 11:30〜20:00 不定休 地下鉄四つ橋線本町駅㉕出口より徒歩5分 www.hap-barbes.com

どんなコーディネートにもぴったりのナチュラルテイストなお洋服たちが並びます。オーダーメイドのウエディングドレス(60,000円〜)も相談可能なので、ぜひ。

174 | PASTICERIA PIANO PIANO utsubo-kohen MAP P53 靭公園沿いにあるイタリアンドルチェ専門店。ショーケースに並ぶ目にも楽しいドルチェはもちろん、イートインのみのパフェもおすすめ。パニーニなどの軽食もあり、本場のエスプレッソと共にどうぞ。☎06-6459-3719 www.piano-piano.co.jp

アンティークのインテリアやグリーンがあり、ホッとする店内。サーモンとアボカドのどんぶり（800円、ご飯は日替わり）、ねぎピザ（580円）など。

062 | martha

マーサ/カフェ&雑貨　MAP P52

「音・空間・食すべてを楽しんでもらいたい」と、店主の片平さん。窓から日が降り注ぐ明るい店内には、家庭料理のような野菜中心のフードメニューや、月に数回開催されるライブなどもあり、居心地がよくて女性一人でも長居してしまいます。入口にある雑貨コーナーには“しぶくてかわいい物、ナチュラル感のある物、大人でも持てる物”をテーマに全国を回って探した作家作品が並んでいます。

大阪市西区江戸堀3-8-16　☎06-6446-2314　9:30〜23:00、土日11:30〜翌2:00　無休　地下鉄中央線阿波座駅⑨出口より徒歩3分　www.marthanet.com

063 | château d'abeille

シャトー ダベイユ/雑貨　MAP P53

アーティスト活動もされているパワフルな店主が営む雑貨店。自然光がたっぷり入る店内には、作家がつくる色とりどりの作品でいっぱい。乙女心をくすぐるヘアピンやゴム、ブローチ、ペンダントなどが所狭しとディスプレイされていているので、一つずつをじっくり吟味してみて。お気に入りが見つかるはずです。

大阪市西区靭本町1-13-13　☎06-6449-5538　12:00〜20:00　無休　地下鉄四つ橋線本町駅㉘出口より徒歩5分

まるでキャンディみたいにキラキラと輝くアクセサリーたち。特に、ヘアピンが充実しています。隣接したスペースで不定期の教室もあるので、連絡してみて。

175 | SIMPLE WISH MAP P53　生活に取り入れやすいシンプルかつ機能性ある雑貨がたくさん詰まった雑貨店です。リネンのシャツ、靴や時計などの革製品もあり、男性も入りやすいので彼氏や旦那さまがいても気兼ねなく見れます。☎06-6443-2086　www.simple-wish.co.jp

064 | tam-ram

タム ラム/雑貨　MAP P53

とってもスイートな雑貨に出会えるショップ兼アトリエ。パッケージデザインのお仕事をされていた店主は、現在刺繍作家として活躍。“女の子らしいもの”をテーマに動物の箱や、作家さんが一つひとつ丁寧につくるベビー雑貨、お菓子モチーフのモノなどがそろいます。ベビー雑貨には刺繍をしてくれるので、プレゼントにも喜ばれるはず。小さな頃からスノードームがお気に入りだという店主の愛蔵品もお出迎えしてくれますよ。

大阪市靭本町1-17-8　高橋ビルA-201　☎06-6449-1512　13:00～19:00　水休、日祝不定休　地下鉄四つ橋線本町駅㉘出口徒歩5分　www.tam-ram.com

靭公園近くのビルの2階にあるお店の窓からは、四季が感じられる快適な空間。

思わずキュンとなるかわいい色使いのディスプレイ。シャンデリアハンカチ（1,890円）など、店主のかわいいものが大好きという気持ちが伝わってくるお店です。

176 | ERI flowers and candles MAP P53　どこか外国にいるような気分にさせてくれる店内には、リボンやガーデングッズ、キャンドルなどキュートがいっぱい詰まっています。お花のアレンジは予算を伝えて。小さい亀さんが入口で飼われているのを見ると、ほのぼのした気分になります。☎06-6445-8739

065 | AB's食堂

エビスしょくどう/欧風料理　MAP P53

カウンター11席のみの欧風料理とワインのお店。ボリュームあるランチがオススメですが、夜は気さくな店主と話しながら、美味しい料理にワインを合わせても。元ハンコ職人だった店主の作品を見せてもらう機会があればぜひ。とても細かい作業と楽しい作風からは店名の由来でもある、血液型がAB型のアーティスト肌を感じさせられます。

大阪市西区靭本町2-2-23 1F　☎06-6446-2255　11:30～14:00、18:00～23:00　月・火のランチ、第3日休　地下鉄四つ橋線本町駅㉘出口より徒歩5分

ランチは2種類。これは、チキンと人参のカレーサラダ付き（800円）。ほかに週替りプレートもあり。フランスやイタリア産のグラスワインは600円から。

066 | RE-ADDRESS

リアドレス/インテリア雑貨　MAP P53

シンプルで実用性を重視したアメリカ製のインテリア雑貨を中心に取り扱うお店。飽きのこないスチール製家具を中心に、オリジナル商品、アンティークの椅子など男女問わず楽しめます。バッグやキャンドルスタンドなどの新しい商品は、半世紀以上デザインが変わっていないものを集めたのだとか。それだけ長く人に愛されているものって素敵ですよね。

大阪市西区京町掘1-17-3　☎06-6459-0670　12:00～19:00　水・日休　地下鉄四つ橋線肥後橋駅⑦出口より徒歩5分　www.re-address.com

現地在住のバイヤーから届くデッドストックのアメリカ食器。ソルトアンドペッパーの入れ物やカトラリーなど、飾るだけじゃなくて日常で使いたいものばかり。

177 | AB's CLUB MAP P53　082 AB's食堂の階上にあるバー。こちらはパークサイドー眺めがいいので、ちょっとした記念日にもいいのでは？ 贅沢な大人の癒し空間は「602」号室にあり。ビール700円から、チャージ500円。☎06-6446-2274

067 | ジィール

ジィール/生花　MAP P53

まるでインテリアショップのような店内。奥のスペースには、季節によって提案される花のアレンジが飾られていて、気軽に見ることができます。アンティークの小物に生けたり、カゴやキャンドルなどが添えられていたり、さりげないディスプレイはお家でもまねしたいものばかり。日々の生活のなかに花を取り入れると豊かな気分になれますよね。

大阪市西区京町掘1-16-28　☎06-6444-3803
12:00〜19:00　日祝休　地下鉄四つ橋線肥後橋駅
⑦出口より徒歩5分　www.ji-ru.com

シックな店内は、どこか外国のよう。お店にあるカタログでは、ウェディングのテーブルアレンジフラワーなど、手掛けたフラワーワークを見ることができます。

068 | Aのテーブル

エーのテーブル/フレンチ　MAP P53

オーストラリアの食材と、日本の有機野菜を使ったフレンチが楽しめます。契約農家やご近所の野菜店『VEGE EUPHORIA（P60）』からも仕入れている野菜は、美味しいお肉料理の引き立て役になっています。お料理に合わせて、ワインもオーストラリア産のものが中心にラインナップ。シェフの男前な料理をしっかり食べて、そして呑んで、いろいろ味わって。

大阪市西区京町掘1-17-7　☎06-6445-6008 11:30〜
14:30、18:00〜23:00　月休　地下鉄四つ橋線肥後橋駅
⑦出口より徒歩6分　www.anotable.com

宮城県産鴨胸肉のレザーウッドハニー、ローストタスマニアペッパーの香り（2,800円）。ランチは1,200円、ディナーコースは4,000円からで、アラカルトもあります。

178 | cavane MAP P53　“流行にとらわれず、いつまでも着られる温かみのある服”がテーマのセレクトショップ。ディテールにこだわった、スモーキーなカラーのアイテムがそろっています。☎06-6449-8588　www.cavane.com

069 | SI-SHOP

スー ショップ/アパレル　MAP P53

まるでアトリエのような空間に、外国から取り寄せた緩やかな曲線のラックにかかった洋服たち。普段着はもちろん、思わずおすまししたくなるようなディテールにこだわったものがそろっています。デザイン性だけでなく、素材の持つ優しい雰囲気が表現された女性らしいものばかり。ほか、バッグやアクセサリーなど、小物も注目してほしいです。

大阪市西区京町掘1-18-27　☎06-4803-8088　11:00〜19:30、土13:00〜18:30　日祝休　地下鉄四つ橋線肥後橋駅⑦出口より徒歩5分　www.si-hirai.com

自然光が綺麗に入る店内。優しい雰囲気に思わず長居。丁寧に仕立てられたお洋服は、見ているだけで「女の子で良かったな」って思えるものばかり。

070 | VEGE EUPHORIA

ベジ ユーフォーリア/八百屋　MAP P53

“EUPHORIA”とは“意味もなく幸せな気分になる”という医学用語。できるだけ国産のもので、美味しいことを基本に、珍しい見た目もポイントだそう。美味しくって面白い!?素材は見ているだけでも幸せになれます。レストランや素材にこだわるカフェがひしめくエリアなので、シェフたちもご近所さんに交ざって来ることも多いみたいです。

大阪市西区京町掘1-9-2　☎06-6447-8310　9:30〜20:30　日祝休、水不定休　地下鉄四つ橋線肥後橋駅⑦出口より徒歩5分

店いっぱいに、色とりどりの野菜や果物たちが、並んでいます。毎日仕入れる食材は、生き生きとして美味しそう! 私もジャムの材料を物色しに通いたい。

179 | Table Ocean MAP P53 MAP P53　料理教室を中心とした食をプロデュースするクッキングスタジオ。料理研究家の松村佳子さんや神戸の『ブランジュリー・コムシノワ』の西川晃功シェフのレッスンが受けられるとあって人気。1回から参加できるものもあるので問合せしてみて。☎06-6225-2770　www.tableocean.co.jp/

パリの下町お料理、クスクス(850円)。添えられた赤いペーストを入れれば、ピリリとした味が加わり、ビオワインが何杯でも飲めちゃいそうですよ。

071 | Barbes

バルベス/モロッコ料理＆バー　MAP P53

オープンして7年目、07年5月に北堀江から靭本町へとお引っ越し。お昼は、フォーやクスクスのランチを。晩はモロッコ料理をメインにしたタパスやタジンをオーガニックワインと共にいただくのが私のお気に入りです。1階はカウンターのみ、2階はテーブル席、3階はセレクトショップの『HAP（P55）』、5階の屋上とあり、夏場は5階でビールをぜひ！ ビアガーデンがわりとして最適なんですよ。

大阪市西区靭本町1-3-27 ☎06-6447-0755　11:30〜14:00、18:00〜翌2:00、土17:00〜　日祝休　地下鉄四つ橋線本町駅㉕出口より徒歩5分　www.hap-barbes.com

072 | DES DUR

デ デュー/アパレル　MAP P53

『スーヒライ』のセカンドライン『Si-Si-Si』を扱う、大人のデイリーカジュアルを提案するお店。ただ着飾るのではなく、オードリー・ヘップバーンのように自分に似合うものを自然に身に付けている人ってカッコイイ！ そんなイメージのアクティブな女性を意識したラインが。ボーダーのカットソーや合わせやすい色目のものが多いので、どんなシーンでも活躍してくれそう。

大阪市西区京町掘1-7-19 富山ビル1F　☎06-6441-8840　11:00〜19:30、土13:00〜18:30　日祝休　地下鉄四つ橋線肥後橋駅⑦出口より徒歩5分　www.si-hirai.com

“コンバースに合う服”がコンセプトなので、動きやすい服が多いのもうれしい！ オシャレなママさんにも人気。子ども服もあるから、オソロイもできるかも？

180 | SUPPE MAP P53　『072 DES DUR』の2階にある布作家のアトリエ。リメイクしたエプロンなどの雑貨やリボン、ボタンなどもあり、一点ものも多いので好きなものに出会ったらすぐに手に入れて欲しい。不定期でイベント会場としてもオープンしています。☎06-6445-0561　www18.ocn.ne.jp/~suppe

島根県出雲市と京田辺の専用畑で栽培した無農薬、減農薬の新鮮な野菜を使った本日の前菜の盛り合わせ（S1,100円、M1,800円）は、ワインが進むアミューズ。

073｜BALTHAZAR　バルタザール/バール　MAP53

シェフの実家で収穫された野菜を使用するなど、安全で美味しい食材にこだわった料理がいただけるバール。ランチは、野菜たっぷりのサンドイッチをテイクアウトして、近くの『靭公園（P54）』でっていうのもオススメ。フランスとイタリアの国境の街、マントマンをイメージし「イタリアのバールのような地域に密着したお店にしたい」と、気取らない雰囲気に。夜は40種近くあるお料理とワインを楽しんで。

大阪市西区靭本町1-6-1 1F ☎06-6447-5220 11:30～15:00、18:00～24:00、土17:30～23:00　日祝休　地下鉄四つ橋線本町駅㉕出口より徒歩5分
www.balthazar-net.com

074｜バー立山

バー たてやま/バー　MAP 53

「気取ったオシャレなバーというより日常に溶け込んだバーにしたい」と、マスター。壁に貼られた手書きメニューには、鉄板ドライカレーや豆腐のみそ漬け、チーズ、ショコラなど、どれもお酒にぴったりなメニューが。疲れていても、美味しいお酒に常連客と店の人みんながつくりだす温かい雰囲気に元気になれます。一人でも通いたくなるんですよ。

大阪市西区靭本町1-7-26　☎06-6444-2848　17:30～24:00　日祝休　地下鉄四つ橋線本町駅㉕出口より徒歩7分

壁面には、作家の作品なども飾られています。カクテルが注がれるまでのしぐさをカウンターからじっと眺めるのもいい。ハイボール（並800円）など。

181｜YOKOJI HAMBURGER MAP P53　黒毛和牛と三元豚を使用したオリジナルパテやオリジナルデミグラスソースが特徴のハンバーガーは全部で7種類。ほか、石狩川ベーコンなどのトッピングもできます。ガッツリ食べたい時はレギュラーサイズを、食べられないかも!?と思ったら2/3サイズをどうぞ。☎06-6204-4548

075 | Café pub ami

カフェ パブ アミ/カフェ&パブ　MAP P53

真っ赤な店構えが印象的な創作料理のお店。ランチは、メイン料理が2品にサラダとお味噌汁がついて850円とリーズナブル。界隈のOLさんだけでなく、サラリーマンも満足できるボリュームです。夜はパスタやピザピラフなど、バラエティに富んだお料理に、ワインや焼酎を合わせて。『tapie style（P30）』作家の絵画やお人形もあちこちで並んでいたり、壁面スペースでは、作品展もしていたり、ギャラリー気分も味わえますよ。

大阪市中央区道修町4-5-9　☎06-6231-0208　11:30～15:00、17:30～23:00（土は夜のみ）　日祝休　地下鉄四つ橋線肥後橋駅⑥出口より徒歩5分　www.ami-friends.com

お気に入りのコーナーです☆

壁に描かれた影絵。こんな風にタピエ作家の作品も飾られてたりするので、見付けるのも楽しみ！

ami
café pub

右：前菜盛り合わせ（2人分1,500円）。日替わりの地野菜中心で10～13種類。その日仕入れた食材からつくられる。 左：遠くからもわかりやすい夜の外観。

182 | PAINDUCE MAP P53　オシャレな店内には、彩り豊かな旬の食材を使ったお惣菜パンが、かわいく並んでいます。ハード系パンも充実！ 併設のカフェでは野菜たっぷりのスープとともにパンを食べることができて、モーニングにおすすめ。☎06-6205-7720　www.painduce.com/

076 | Bio shop Vitabien

ビオ ショップ ヴィタビーン/ビオショップ　MAP P53

bioの蜂蜜とジャム、ハーブを中心に扱うお店。オーナーの榎本さんはドイツ暮らしをきっかけに、環境に興味を持つようになり、今ではオーガニックコンシェルジュの資格を持つエキスパート。環境に配慮してつくられたおもちゃのほか、絵本などもあり、ファッション性が先行しがちな日本で、環境に対する意識を高めてくれます。

大阪市西区靭本町1-14-11 1F　☎06-4703-3083　11:00〜19:30、土10:00〜18:00　日祝休　地下鉄四つ橋線本町駅㉘出口より徒歩5分　www.vitabien.com

棚にはぎっしりとヨーロッパ各地のbio食品やオーガニックコスメも充実の品ぞろえ。伝統手作り陶器や木の温もりが伝わるおもちゃ、ファニーなグッズもあります。

077 | Calo Bookshop and Cafe

カロ ブックショップ アンド カフェ/本&カフェ&ギャラリー
MAP P53

洋書からミニコミ、デザイングッズまで扱う書店とカフェ、ギャラリーの3つが、ビルの5階の小さいスペースにギュッと集まっています。ここで、珈琲のよい香りに包まれながらお気に入りを探すのが私の過ごし方。カフェスペースにあるテーブルの前の大きな窓から景色を眺めると、気分もリセット!

大阪市西区江戸堀1-8-24　若狭ビル5F　☎06-6447-4777　12:00〜20:00、土〜18:00　日・月休(祝の場合は営業)　地下鉄四つ橋線肥後橋駅⑦出口より徒歩3分
www.calobookshop.com

グッドビューなカウンターでは、本といっしょに珈琲を。挽きたての豆で淹れるコーヒー(400円)。本格チキンカレーやスコーン、サンドイッチなど軽食も充実 。

183 | volonte　MAP P53　“volente”とはフランス語で“意志”を意味し、「流行りのものを売るのではなく意志をもって自分が好きな物を提案したい」という気持ちから付けたのだそう。リネンなどエアリーな素材が長く愛せるワードローブになりそう。☎06-6444-2270　www.volonte.jp/

大阪文化

no.1

[国立国際美術館]

04年に万国博美術館から新築、移転された美術館。主に現代美術作品を中心に収蔵されています。隣接する科学館と入口が向かい合うよう設計され、エントランスゲートと呼ばれるスチールパイプが空に向かって伸びている外観が印象的。これは竹の生命力と現代美術の成長をイメージしたシンボルなのだそう。そして、見所の一つに、自然光を取り込んだ展示室があります。好きな作品に出会えたら、その前で光の移ろいと共にじっくりと過ごしてみてください。また、意外に知られていませんが、こちらの床には“米松”という木の小口でつくられた特殊なフローリングが貼られています。木目の風合いが際立つ上に、足に優しく歩いて疲れにくい優れものなのです。こちらで目と心を癒した後は、中之島散策へ。文化施設や官庁の建物が多く集まり、『大阪東洋陶磁美術館』、『中之島中央公会堂』と『中之島図書館』と美しい大阪を知ることができます。

078 | 国立国際美術館

こくりつこくさいびじゅつかん/美術館　MAP P53

大阪市北区中之島4-2-55　☎06-6447-4680　10:00～17:00（入館は16:30まで）、金～19:00（入館は18:30まで）月休（祝の場合は翌休）　地下鉄四つ橋線肥後橋駅③出口より西へ徒歩10分、　www.nmao.go.jp/

立ち寄りSPOT

079 | graf dining:fudo

グラフ ダイニング フード/家具＆カフェ　MAP P53

家具、プロダクト、食、アートを発信する『graf』の世界感が詰まったビル。塩バターキャラメルのクレープ（650円）、自家製ハンバーガー（シングル1,000円）は、2階のダイニング&カフェで。

大阪市北区中之島4-1-18　graf　bld.2F　☎06-6444-4009　11:30～20:00（L.O.19:30）　月休（祝の場合は翌休）　地下鉄四つ橋線肥後橋駅③出口より徒歩10分　www.graf-d3.com

オーナーやシェフの独特な世界観がキラリ

新町エリア

個性がキラリと光るお店がどんどんできている注目のエリア。
シェフやオーナーの世界観に興味を持ったら、
気軽にあれこれ聞いてみよう!

徳好 琴美

メニューや商品だけでなく、内装などにもシェフやオーナーの世界観が感じられ、個性豊かなお店が点在している人気のエリア。昼間遊び回ったら、夜はゆっくり過ごしたい…。なんていう大人ディナーにも最適な場所です。

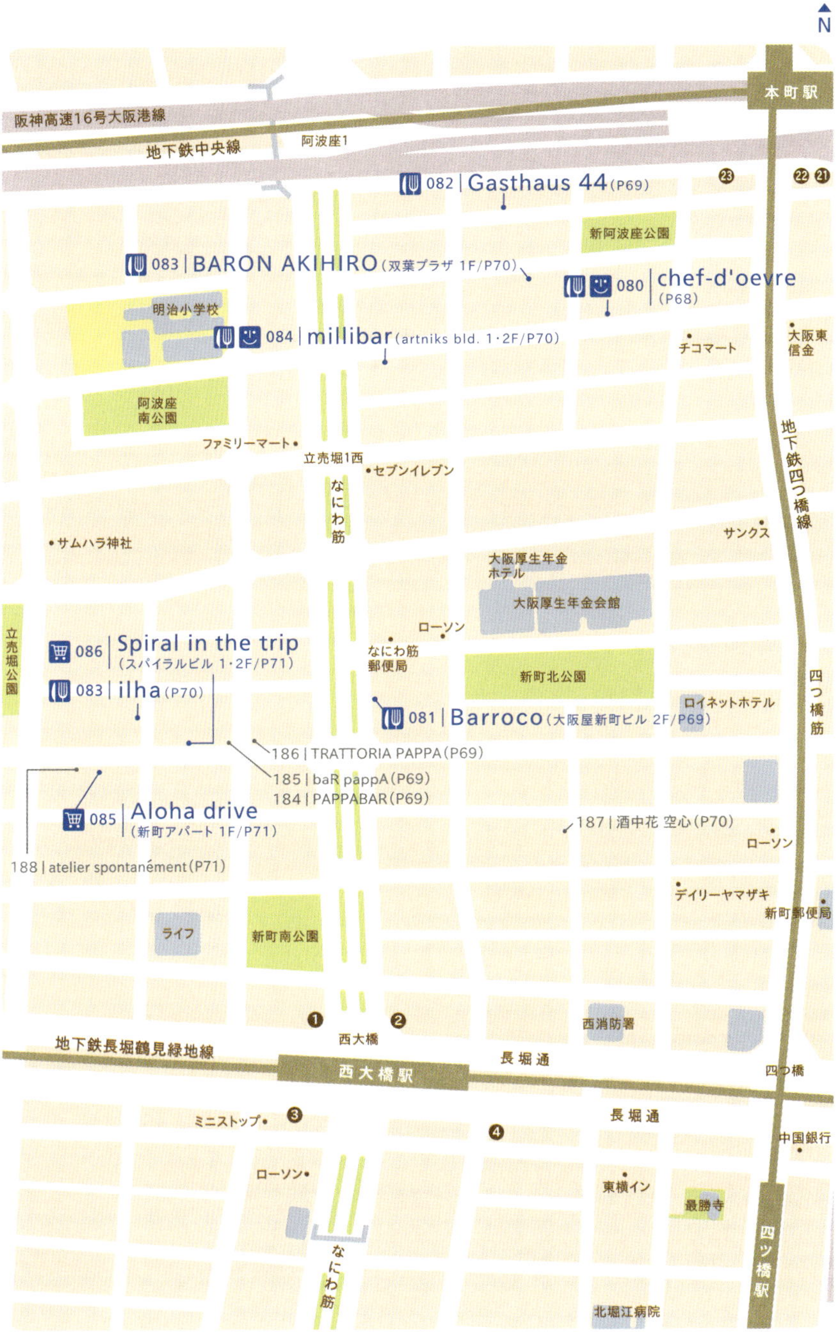
N
本町駅
阪神高速16号大阪港線
地下鉄中央線
阿波座1
082 | Gasthaus 44 (P69)
23
22 21
新阿波座公園
083 | BARON AKIHIRO (双葉プラザ 1F/P70)
080 | chef-d'oevre (P68)
明治小学校
084 | millibar (artniks bld. 1・2F/P70)
大阪東信金
チコマート
阿波座南公園
ファミリーマート
立売堀1西
セブンイレブン
なにわ筋
地下鉄四つ橋線
サムハラ神社
サンクス
大阪厚生年金ホテル
大阪厚生年金会館
ローソン
なにわ筋郵便局
立売堀公園
086 | Spiral in the trip (スパイラルビル 1・2F/P71)
083 | ilha (P70)
新町北公園
081 | Barroco (大阪屋新町ビル 2F/P69)
ロイネットホテル
四つ橋筋
186 | TRATTORIA PAPPA (P69)
185 | baR pappA (P69)
184 | PAPPABAR (P69)
085 | Aloha drive (新町アパート 1F/P71)
187 | 酒中花 空心 (P70)
ローソン
188 | atelier spontanément (P71)
デイリーヤマザキ
新町郵便局
ライフ
新町南公園
1
2
西大橋
西消防署
地下鉄長堀鶴見緑地線
西大橋駅
長堀通
四つ橋
3
ミニストップ
4
長堀通
中国銀行
ローソン
東横イン
最勝寺
なにわ筋
四ツ橋駅
北堀江病院

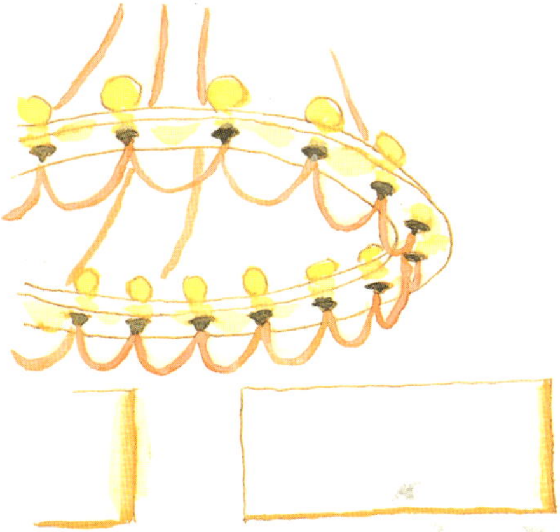

ランチのキッシュプレート（900円）は、日替わりのキッシュにスープ、サラダ、デリ、ごはん（サンド、ブリニなど）＋プティフール、ドリンクと、ボリューム満点！

いろいろな所にオーナーの

床のタイルにもセンスがキラリ。あちらこちにステキなものが散りばめられた空間。

080 | chef-d'oevre

シェ ドゥーブル／カフェ＆ギャラリー　MAP P67

入口横の大きな窓から臨む風景は、どこかヨーロッパの街並みを連想させます。オーナー小谷廣代さんがつくりあげた世界観とその人柄に惹かれて、ファンも多いとか。ビジネス街にあるので、サラリーマンやOLのランチ使いはもちろん、夜はサクッと一杯など、どんなシーンにも使えます。奥のギャラリーでは、現代アートからクラフトワーク、愛蔵本の展覧会、フードイベントにライブなどが日々開催されるので、チェックしてみて。

大阪市西区阿波座1-9-12　☎06-6533-0770　9:30〜24:00、土11:30〜　日祝休
地下鉄四つ橋線本町駅㉓出口より徒歩8分

『080 chef d'oevre』の1日のはじまり…シェ ドゥーヴルの平日の朝は、私が手掛けるプティデジュネ（朝ご飯）からはじまります。手作りのジャムと、ブリオッシュにソーダブレッドが定番のスタイル。400〜650円でいろいろなメニューがあり、好みに合わせてチョイスして。9:30〜11:00（月〜金）

色々な所にある
お客さん目線の
気づかいが嬉しい
(詳しくはお店で…)

081 | Barroco

バロッコ/欧風料理　MAP P67

気軽なバールながら、しっかりと美味しい料理がいただける欧風小料理店。料理に合うワインだけでなく、ナチュラルウォーターの品ぞろえが豊富なのもうれしい。ショーケースに並ぶデリは、量り売りもやっているので、レトルトパックでも、マイタッパーでも好きなだけ詰めてよし！友人同士のホームパーティの差し入れに重宝しているお店です。

大阪市西区新町1-33-16 大阪屋新町ビル2F ☎06-6531-0869 11:30〜14:00、17:30〜翌1:00 日祝休 地下鉄鶴見緑地線西大橋駅②出口より徒歩5分

フランスとドイツで修業を積んだ二人のシェフがつくるデリは約12種、100グラム400円から。少しずつ選んで、ワイン片手に公園でいただくのもいいですね。

082 | Gasthaus 44

ガストハウス ヨンジュウヨン/ドイツ料理　MAP P67

ベルリンを愛するオーナーがガストハウス(ゲストハウス)を街の小さな一軒家で再現。メニューはお肉料理をメインに、自家製のソーセージ、ドイツビールやワインとくれば呑み助たちで大にぎわい！ ベルリンはいくつかの国が隣接しており、多種多様な人種が集まるとか。この店もベルリンのように様々な人たちが自然に集まってくる温かい雰囲気です。

大阪市西区阿波座1-12-8 ☎06-6533-3443 11:30〜15:00(L.O.14:30)、15:00〜23:30(L.O.22:30) 日祝休 地下鉄四つ橋線本町駅㉓出口より徒歩5分 www.gasthaus44.com

人気のドイツパン盛り合わせ(400円)、自家製ソーセージとザワークラウト(780円)。ケストリッツアーシュバルツビア(円700)など、ドイツビールの種類も豊富にそろう。

184 | PAPPABAR　185 | baR pappA　186 | TRATTORIA PAPPA MAP P67　大人の隠れ家的バーの『パッパバー』T☎06-6536-4187、1階には軽いお食事も可能な『バールパッパ』☎06-6536-4186は、道を挟んだ本格的イタリアン『トラットリア パッパ』☎06-6536-4188の姉妹店。

083 | ilha

イリア/カフェ&バー　MAP P67

カフェが大好きな小笠原友子さんと松本幸子さんがはじめたお店。二人の出会いもカフェだそう。そんなカフェを知りつくしている二人だけあって、店内はホッと和める空間作りに。例えば、椅子やテーブル、お店の看板も少し味のあるものを一つずつ集めてきたそう。ナチュラルで心地よい雰囲気に、何時間でもゆったりと過ごせるお店なんです。

大阪市西区新町2-16-2　06-6536-4809　11:30〜23:00、祝14:00〜　日休　地下鉄長堀鶴見緑地線西大橋駅①出口徒歩 5分

ランチは、野菜を中心に毎日でも楽しめるようにと、日替わりプレートをご用意。本日のプレートランチは850円でドリンク（コーヒーまたはオレンジジュース）付き

084 | millibar

ミリバール/カフェ　MAP P67

“Millibar”とは気圧の単位。ちょっとしたバランスの違いで変化する気圧のような、その「ちょっとしたことへの心配りを大事に」がコンセプトのカフェ。肩ひじはらない空気感、壁の色や扉の装飾など、店内に散らばるちょっとしたエッセンスから刺激を受けます。「気軽な食堂なんです」と言う通り、ランチや晩ご飯も楽しめます。2階にはギャラリーも併設。

大阪市西区立売堀1-12-17 artniks bld 1·2F　☎06-6531-7811　11:30〜23:30　無休（お盆、年末年始は除く）　地下鉄四つ橋線本町駅㉓出口より徒歩7分　www.artniks.jp/millibar

タパスサイズのお料理は、野菜たっぷりのヘルシーメニュー。少しずついろいろ選べるのがうれしい。地中海料理を中心にデリ各種（400円）、シードル（700円）。

187 | 酒中花 空心 MAP P67　昼も夜も大にぎわいの中華料理店。予約もなかなか取れないほどの人気店なので、早めに連絡してみて。店名にも使われている、空心菜の塩炒め1,200円が美味しい!　夜のコースは3,800円からとリーズナブル。☎06-6532-7729

白地に青色のラインが入ったシンプルな食器は、外国のホテル仕様。アンティークの小物やディスプレイ用の外国のお菓子は、見ているだけで楽しい。

085 | Aloha drive

アロハ ドライブ/雑貨 MAP P67

店の扉を開けると、目に飛び込んでくるのは、品ぞろえが豊富なKLM（オランダ航空）のブルーの小物たち。キュートなデザインのものから、生活に自然に溶け込むシンプルなものまで、すべてヨーロッパから運ばれてきた雑貨が集っています。そんななかでも、ソファにちょこんと座っている人形にぜひ注目！ 店主が惚れ込んだ、ご愛嬌フェイスの人形は見ているだけで和めますよ。

大阪市西区新町2-17-3 新町アパート103 ☎06-6531-3171 12:00～20:00 水休 地下鉄長堀鶴見緑地線西大橋駅①出口より徒歩5分 www.e-alohadrive.com

086 | Spiral in the trip

スパイラル イン ザ トリップ/インテリア MAP P67

偶然出会ったプラスティックファニチャーに感銘を受けたのぶさんのお店は、「心の扉を開いて、素直な気持ちで見て欲しい」と夢が詰まった空間。ミッドセンチュリーなインテリアマテリアルが並び、乙女雑貨好きの女の子には、スパイス的存在になるはず。とっても大切に扱われている商品ばかりなので、実際に触りたい時は一声かけて。

大阪市西区新町2-12-6 スパイラルビル1・2F ☎06-6536-1129 13:00～20:00 不定休 地下鉄長堀鶴見緑地線西大橋駅①出口より徒歩5分 www.spiralinthetrip.com

パントン作のワンダーランプ（241,500円）がとってもステキ。高さのある空間を生かした、デッドスペースのないディスプレイは、見ているだけでワクワクしてくる。

188 | atelier spontanément MAP P67 白を基調にしたこぢんまりとしたお店は、ほんのりパリの香りのするかわいいフラワーショップ。おめでとうの気持ちを伝えるだけでなく、普段の何気ない日にお花を送ってみるのもきっとステキ！ ☎06-6531-0886 www.spontanement.com

レトロな街をカメラ片手に、のんびりお散歩

中崎町エリア

キタエリアの中心、梅田から歩いていけるのに
タイムスリップしたようなレトロな街並みが残る、中崎町。
最近は、カメラ片手に散策する乙女が増加中！

小松 真里

5年くらい前から古い長屋を改装して、自分たちでコツコツとつくりあげたようなかわいいお店が増えてきました。細い路地にお店があったりするので、発見したときは自分だけの特別なお店を見付けた!ってうれしくなるはずです。

N
100 | iTohen
（富士ビル 1F/P81）
豊崎本庄小
セブンイレブン
JR東海道本線（京都線）
本庄南公園
ローソン
大阪東信金
093 | demokura（P77）
本庄中通
中崎2北
行岡病院
浮田公園
地下鉄谷町線
都島通
096 | Confidence cafe（P79）
095 | cocoro（P78）
中崎郵便局
ローソン
198 | パイロットビル（P81）
194 | いえみせKocoro（P78）
196 | ONE PLUS 1 gallery（P79）
193 | 花音（P78）
195 | cous cous（P78）
097 | JAMPOT（P79）
094 | nino（P78）
191 | 済美公園（P76）
088 | cocoa（P75）
190 | はっか（P75）
192 | 葉村温泉（P77）
197 | スバコハイツ（P80）
087 | サクラビル（P74）
189 | pichicri（P74）
中崎1
092 | PLANET（P77）
天五中崎通商店街
ローソン
091 | モノカフェ ワヲン（1F/P76）
098 | café bar 巣バコ（P80）
090 | dogstreet（2F/P76）
中崎町駅
グリーンプラザ大阪
089 | cafe パラボラ（P75）
JR大阪環状線
グリーンプラザ大阪アネックス
梅田センタービル
099 | common cafe（吉村ビル B1/P80）
大阪能楽会館
ローソン
大阪北逓信病院
北野病院

087 | サクラビル

サクラビル/ビル　MAP P73

まず、私が中崎町を散策する時は、7・8軒のお店が入っているこの3階建ての小さなビルからスタート。お気に入りは、2階にある東欧・北欧テイストの雑貨店『FUTURA』。いつも商品が整理整頓されていて気持ちがいいので、ここへ来ると部屋の模様替えをしたい!という衝動にかられます。キッチン雑貨や手芸雑貨、古着、古本、などなど…とにかく、欲しいものだらけです。

大阪市北区中崎西1-6-36 サクラビル　TEL・定休日・営業時間はショップにより異なる　地下鉄谷町線中崎町駅②出口より徒歩3分

左:ビルの入口には、お店の看板がずらりと並んでいます。
右:『FUTURA』の店内には、リボンやボタン、古着など、手芸好きにはたまらないものがたくさん!

189 | pichicri MAP P73　サクラビルの2階にある貸ギャラリー。ギャラリーといってもアート系ではなく、ハンドメイド作家の作品展や雑貨店を開きたい女の子の期間限定ショップなどが開催されます。個展をやりたいと思っている人にもおすすめ。詳細はホームページで。☎06-4802-6557　www.pichicri.com

建物のファサードにうっすら残る"ビューティーサロン"という文字。内装を手作りしているお店が多く、昔ならではの雰囲気が中崎町らしい。

088 | cocoa ココア/雑貨 MAP P73

タイやバリ島で買い付けてきた雑貨やアクセサリー、ボタンなどが中心の雑貨屋さん。味や深みのある作家の作品も多くて刺激的なお店です。何より楽しみなのは、不定期で行われているイベント。いろんな作家さんのコラボレーションイベントやワークショップなど、オーナーの深い愛を感じる企画が目白押しなんです。お店のホームページはまめに更新されているので、ぜひチェックしてみて!

大阪市北区中崎3-1-9 ☎06-6374-0085 11:00〜19:00、月12:00〜18:00 火、第1・3月休(HP参照) 地下鉄谷町線中崎町駅②出口より徒歩3分 www.zakkacocoa.com/

089 | cafe パラボラ

カフェ パラボラ/カフェ&雑貨 MAP P73

緑に覆われた外観がかわいいカフェは、2階建ての古い長屋を改装。2階に上がるとどこか避暑地の別荘に来たかのように、時間を忘れてゆっくりできるスペースが広がります。店長のだいすけさんがつくるメニューは、ボリュームがあって美味しい料理ばかり。1階には、アクセサリーや絵本作家さんの作品もありますよ。

大阪市北区中崎西1-7-36 ☎なし 12:00〜20:00、日祝〜18:00 月休(祝の場合は翌休) 地下鉄谷町線中崎町駅②出口より徒歩3分 www.parabola.tv/

おすすめのオムカレー(800円)は、ふわふわ、とろっとろのオムライスにお豆たっぷりのビーンズカレーが。見た目が濃厚なのに、食べてみたら結構あっさり!

190 | はっか MAP P73 『089 cafe パラボラ』の少し先に、見落としてしまいそうな小さな、小さな雑貨屋さんがあります。大人には懐かしいレトロなかわいいキッチン雑貨のほかに、作家さんが作るアクセサリーや布小物など、女の子が大好きなモノがいっぱい。☎06-6375-1652

カフェの『モノカフェ ワヲン』の店内にある階段を上がっていくと、かわいい蝶々のライトと『DOGSTREET』の看板がお出迎えしてくれます。

090 | dogstreet

ドッグストリート/ドッググッズ MAP P73

パリの屋根裏部屋みたいにしたいと、中崎町の案内人である私自ら手作りした、土日だけオープンするアトリエショップです。意外にもお洋服が好きなワンちゃんって多いんです。理由は「カワイイ!」と言ってもらえるから。飼い主が喜ぶと犬もうれしくなるみたい。雑貨のようにキュートなデザインと着心地のよさにこだわったお洋服を、サイズを測って、体型や個性に合わせてオーダーメイド（小型犬のみ）できます。

大阪市北区中崎1-7-9 モノカフェワヲン2F ☎なし 12:00〜18:00 土・日のみ営業（HP参照） 地下鉄谷町線中崎町駅②出口より徒歩4分 www.dogstreet.net/

091 | モノカフェ ワヲン

モノカフェ ワヲン/カフェ＆雑貨＆ギャラリー MAP P73

中崎町では珍しい広々とした築90年の古い民家を改装したカフェ。床を土間風の造りにして天井を高く見せたり、古い家具をリメイクしたりと、オーナー自ら大工さんといっしょに造り上げた自慢の空間。一晩かけてつくる鶏ガラスープのフォー、こだわりの薄い皮で包んだ揚げ春巻き、あとをひく辛さとコクの本格グリーンカレーなどのお料理も絶品です。

大阪市北区中崎1-7-9 ☎06-7504-4616 12:00〜19:00、金土〜22:00 水休 地下鉄谷町線中崎町駅②出口より徒歩4分 www.monocafe-wawon.com

フォーガートレー（850円）。フォーは、美味しすぎてスープまで完食しちゃいます。揚げ＆生春巻も付いたヘルシーメニューになっています。

191 | 済美公園 MAP P73 『091 モノカフェ ワヲン』の隣にある公園。ワンコのお散歩やアコーディオンの練習、子どもたちはキャッチボールとみんなの憩いの場になっています。四季の移ろいも感じられて、春は桜が満開、夏は緑があふれます。一眼レフカメラを持った人も集まる中崎町の撮影スポットの一つです。

092 | PLANET

プラネット/雑貨　MAP P73

07年9月にリニューアルオープンしたこちらには、昭和を感じさせるレトロでカラフルな乙女雑貨がいっぱい。お店の中央に置かれたガラス棚には、デッドストックのモールでつくった虫や動物のオブジェがかわいく並んでいます。店内の雑貨を一つずつ見ていると、懐かしい気持ちになったり、逆に新鮮なイメージを受けたりと、時間を忘れて楽しめます。

大阪市北区中崎西1-9-3　☎06-6372-0507　12:00〜18:00　火・金・日休　地下鉄谷町線中崎町駅④出口より徒歩3分

鏡台の前に座って、ゆっくりお化粧したくなる、赤い持ち手が美しい昔のチークブラシ。そのほか、おばあちゃんが持っていそうなアクセサリーなどもあります。

093 | demokura

デモクラ/雑貨&家具　MAP P73

日本の古道具が中心の雑貨と家具のお店。ほかにアンティークものやオリジナル雑貨もあって、年代や国籍にとらわれない多彩なセレクトはまるで蚤の市に来たかのよう。一つひとつが魅力的に見えるディスプレイのセンスにも脱帽！ 沖縄でカフェをしていた店長の、男性ならではの視点とこだわり、センスのよさがキーワードのお店です。

大阪市北区豊崎1-1-20　☎050-1222-5808　12:00〜19:00　水休　地下鉄谷町線中崎町駅②出口より徒歩6分　demokura.blog85.fc2.com/

小さなカギ（1個500円）がきれいに並べられています。時代を経てモノが持っている魅力や使い方までも変化するってステキだと思います。モノは大事にしたいものです。

192｜葉村温泉　MAP P73　レトロ雑貨『092 PLANET』の前には、これもまたレトロな銭湯があります。夕方になると洗面器を抱えた近所の人たちが集まってきます。カフェや小さな雑貨屋さんが次々と誕生している中崎町ですが、懐かしい日本の風情が残っているのも魅力。☎06-6371-5744

094 | nino

ニノ/雑貨　MAP P73

こんなところに?と思うほど細い路地を入っていくと、気になる小さな入口を発見。ドキドキしながら覗くと、ヨーロッパを中心に集められたアンティークやヴィンテージの手芸用品、雑貨、ハンドメイド作家の作品がいっぱい。雑貨好きの心をくすぐる"小さくてかわいい"がギュッと詰まっていて、どれもこれも見逃せない!と瞬きを忘れるくらい。

大阪市北区中崎1-9-6　☎080-3791-3948　12:00～20:00　火休　地下鉄谷町線中崎町駅④出口より徒歩3分　www.le-coeur-shop.com/nino.html

壁の棚には人形やボタン、リボン、絵本などがきれいにディスプレイされています。私のおすすめは、切手やタグなどの紙雑貨です!

095 | cocoro

ココロ/かばん&雑貨　MAP P73

革かばん作家、みるさんのアトリエ兼ショップ。あえて、革をジャブジャブと水洗いしてからつくるので、クタッとした風合いといびつだけど味のあるかばんなんです。形や大きさも様々なバッグがそろうので、どれにしようか迷ってしまいます。カラフルだからシンプルなお洋服に合わせて欲しいです。ほか、雑貨やナチュラルなお洋服も。

大阪市北区中崎西4-1-5　☎06-6375-7377　11:30～19:00　月・火休　地下鉄谷町線中崎町駅②出口より徒歩4分　shop-cocoro.com/

郵便局のすぐそばの白い外観のお店。奥のアトリエで飼われている2匹の黒猫ちゃん。たまにお店に出ると、まるで招き猫みたいにお客さんが来てくれるそう!?

193 | 花音　194 | いえみせKocoro　195 | cous cous MAP P73　『094 nino』を通り過ぎ、白龍大神に手を合わせてさらに奥へ進むと、手描きTシャツのお店『花音』☎06-4802-8488や、クラフト雑貨『いえみせKocoro』☎06-6373-6839、ワンピースと洋服の店『cous cous』☎06-6375-9140などがあります。

住宅街の中に溶け込んでいるので、初めての人には見付けにくいかも知れません。とにかく、お店の前にある緑の黒板を目印に探して!

096 | Confidence cafe コンフィデンス カフェ/カフェ MAP P73

07年11月で5周年を迎えた中崎町では老舗のカフェ。その歴史は、お客さんが書いた100冊近い落書き帳が物語っています。ノートを見ているとカフェっていいなぁとしみじみ感じられ、居心地のよさもあってついつい長居しちゃいます。ドリンクは50種類以上、フードも充実していて“カレー番長シリーズ”なんていうものも。まかないが評判になりメニューに昇格したり、“お客様といっしょに”が魅力のあったかいカフェです。

大阪市北区中崎1-10-13 ☎06-6374-1565 11:00～21:00 水・木休 地下鉄谷町線中崎町駅②出口より徒歩5分

097 | JAMPOT

ジャムポット/雑貨 MAP P73

エッフェル塔やお花のコサージュ、スイートなキャンドル…小さなお店にキュートな雑貨がぎっしり。雑貨好きな女の子がイメージする“憧れのフランス”を集めたような店内。さらに3か月ごとに替わるテーマで作られる作家モノもチェックして。オーナーはすてきな写真を撮ったり、『アンノテlabel』という音楽レーベルを主催したりと魅力的な人です。

大阪市北区中崎3-2-31 ☎06-6374-2506 12:00～20:00 火休 地下鉄谷町線中崎町駅②出口より徒歩3分 jampot.sunnyday.jp/

エッフェル塔好きにはたまらない、エッフェル塔がモチーフの雑貨もいろいろ! ホームページには、パリの買い付け時に撮ったエッフェル塔の素敵な写真も。

196 | ONE PLUS 1 gallery MAP P73 『097 JAMPOT』の2軒隣。2階建ての民家で、主に写真関連のミニショップとギャラリーになっています。『JAMPOT』の作家によるワークショップなども定期的に開催されています。グループ写真展の参加者も随時募集中とか。興味のある方は問い合わせてみて。☎06-6375-9720

098 | café bar 巣バコ

カフェ バー すバコ/カフェ&バー　MAP P73

7年前に二人ではじめた“巣バコ”という名前がぴったりなお店も、今では5店舗にまで増えたそう。その1号店がこちら。閉店が早い中崎町で深夜2時まで開いているのは貴重で、お腹がすいたら週替わりカレーや手作りハンバーグのロコモコ丼、呑みたい時はオリジナルカクテルのゆずモーニを。手作りケーキもあって、わがままをかなえてくれるお店です。

大阪市北区中崎西1-1-27　☎06-6372-1035　18:00～26:00、土日14:00～　月・祝休　地下鉄谷町線中崎町駅②出口より徒歩2分

窓ガラスに描かれたレトロ可愛い「café bar 巣バコ」の文字。夜になると店の明かりがポーッと灯されて、幻想的な雰囲気になります。

099 | common cafe

コモン カフェ/カフェ&バー　MAP P73

毎日マスターが替わる、珍しい形態のカフェバー。昼はフランス料理あり、オーガニック料理あり。夜はライブや演劇、朗読会など、日によって全く違うお店に変身します。主催者の山納さんは「他人との出会いによって人は成長する」という思いからはじめられたそう。私もここで友達と話をして、かねてからの夢、アトリエオープンを決心しました。

大阪市北区中崎西1-1-6 吉村ビルB1　☎06-6371-1800　カフェ12:00～18:30 、バー18:30～23:00　不定休（日替わりマスターのためHP参照）　地下鉄谷町線中崎町駅②出口より徒歩3分　www.talkin-about.com/cafe/

お友達同士のユニット『nice time cafe』にて。お料理とお菓子と絵本とイラストとアクセサリーと紙雑貨と陶芸とライブと、一度でいろいろ楽しめるのが魅力。

197 | スバコハイツ　MAP　P73　1軒家をリノベーションして、それぞれのお部屋がお店になった、『スバコハイツ』というお店があります。カエル雑貨が充実している和POP雑貨『ひより。』など面白くてキュートなお店が集まっています。

100 | iTohen

イトヘン/ブックカフェ&ギャラリー　MAP P73

グラフィックデザイン事務所が運営するギャラリー&ブックカフェ。ここではアートを鑑賞して、カフェでお茶をして、本を手に取ってと、様々な楽しみ方ができます。デザインのプロがセレクトしているだけあり、クオリティやセンスはお墨付き。例えば、本物のパンが入っている箱の本や、わざわざドイツの活版印刷の工房を訪ねて手に入れた本とか、ほかではあまり見ることができないものがここにはあります。時間をかけてゆっくり堪能して欲しい。

大阪市北区本庄西2-14-18 富士ビル1F ☎06-6292-2812　12:00〜19:00　月・火休（それ以外でも展示がない場合は休み）　地下鉄谷町線中崎町駅②出口より徒歩10分
www.skky.info/

正真正銘、本物のパンが箱に入って、これも本。本にまつわる由来などをスタッフの方に聞いてみるのも楽しいです。

右:帽子のカタログ。左:中崎町の駅から10分ほど歩いたところに、ひと際オシャレな建物が。ロゴマークも、変わった開き方をする窓もすべてがかわいい。

198 | パイロットビル　MAP　P73　夜までじっくり中崎町を満喫したい方におすすめ。1階は、座り心地のいい椅子にこだわったカフェ『太陽ノ塔』☎06-6374-3630 www.taiyounotou.comは、夜遅くまで開いています。2階は、自主映画も制作する小さな映画館『PLANET+1』☎06-6377-0023　www.planetplusone.com。

レトロビルが新しい！大人の街へ

北浜エリア

オフィス街に溶け込むレトロビルは、歴史的価値の高いもの。
一歩中に入れば、その設えに古き良き時代の面影を感じられ、
ビルウォッチャーは特に必見のエリア。

佐藤 有紀

江戸時代には商業経済の中心地であった北浜には、明治以降建てられたレトロビルが数多く残っています。それを見て回るだけでも充実した一日を送れますが、オフィス街に潜む質の高いレストランやカフェ探しも楽しみの一つ。

N
ファミリーマート
202 | フジハラビル（P86）
滝川公園
天満橋郵便局
府管工健保会館
107 Calvados
（中塚ビル 1F/P87）
三菱東京UFJ銀行
108 dieci（天一ビル 1・2F/P88）
109 tectail
（江村ビル 1F/P88）
ファミリーマート
天神橋筋
交番
バラ園
堂島川
204 | 山猫軒（P88）
南天満公園
天神橋
天満橋
大川（旧淀川）
京阪中之島線
（建設中）
京阪本線
天満橋駅
ファミリーマート
大阪キャッスルホテル
シティモール
土佐堀通
大阪中央郵便局
北浜東分室
エルおおさか
三井住友銀行
天満橋駅
ホテル京阪天満橋
105 アトリエ箱庭
（豊島ビル 3F/P86）
北大江公園
東横堀川
106 cafe a vin LE BOIS（2F/P87）
市立中央高校
ファミリーマート
ファミリーマート
交番
セブンイレブン
法務局
地下鉄谷町線
松屋町筋
サークルK
阪神高速1号環状線
中大江小学校
中大江公園
大阪東郵便局
マイドームおおさか
谷町筋
大阪商工会議所
シティプラザ大阪
大阪産業創造館
中央消防署

101 | GOKAN 五感

ゴカン/パティスリー　MAP P82

高級感あふれるエントランスを抜け、階段を上ると…そこには、少し特別な大人のケーキサロンが。大正時代の優雅な雰囲気を残して改装された店内は、ゆったりと落ち着いた空気が流れ、とても居心地がいいのです。堺筋の大通りに面したビジネス街にも関わらず、外の騒がしさが嘘のような静けさ。1階の広々としたホールのショーケースには、口あたりのよい“和”のテイストの洋菓子が並びます。大阪のお土産として私も重宝しています。

大阪市中央区今橋2-1-1 新井ビル1・2F　☎06-4706-5160　10:00〜20:00（L.O.19:30）無休（年始は除く）　京阪本線・地下鉄堺筋線北浜駅②出口より徒歩2分　www.patisserie-gokan.co.jp/

お店が入る新井ビルは、大正11年に建築された、堺筋に現存する歴史ある建造物。

右：人気のデジュネランチのパンは焼き立て！ サラダ、デザート付き（893円）。ほか、ケーキセットもあり、ドリンクもすべてオーガニックなのもうれしい。

199 | 高麗橋野村ビルディング　200 | 生駒ビルディング　MAP P82　北浜駅から堺筋を南下して行くと、大正時代のレトロビルが現れます。現在1階にはそれぞれ、カフェやワインバーがあり、歴史的建造物を気軽に楽しめるので、お散歩してみるのもいいのでは？

102 | 北浜レトロ

きたはまレトロ/カフェ　MAP P82

川沿いに建つ小さなレトロビル。明治45年に生まれたこの建物は、現在『北浜レトロ』と言う名の英国風カフェに。一歩中に入れば、クラシック音楽と静かな話し声、紅茶の香りが漂い、まるで絵に描いたような優雅さにうっとり。淡いブルーの内装と、窓から見える空と川の景色が印象的です。対岸のバラ園も一望できる窓際のテーブルが特にオススメ。

大阪市中央区北浜1-1-26　☎06-6223-5858　11:00～21:30（L.O.21:00）、土・日祝～19:00（L.O18:30）　無休（お盆、年末年始は除く）　京阪本線・地下鉄堺筋線北浜駅㉖出口よりすぐ

人気の3段式のケーキスタンドによるアフタヌーンティ（2,000円）。すべて伝統のレシピをベースにしたオリジナルメニューです。一人では食べ切れないかも!?

103 | テンダーハーツ

テンダーハーツ/フレーム　MAP P82

お店が入る伏見ビルは、大正時代にホテルとして建てられたビル。丸みのある石造りのエントランスは、重厚感あるホテルの趣を感じます。こぢんまりした客室一部屋分のスペースでは、色や形が様々な手作りフレームを販売しています。部屋の奥にはアトリエもあり、オーダーも可能。フレームにも使用するビンテージパーツを使ったオリジナルアクセも素敵!

大阪市中央区伏見町2-2-3 伏見ビル2F12号室　☎06-6231-8858　12:00～18:30　土・日祝、第3火休　京阪本線・地下鉄堺筋線北浜駅⑥出口より徒歩3分

オーダーフレームはサイズ、デザイン、予算などを相談しながら希望に合わせ、丁寧につくってくれる（5,000円～）。他府県からの依頼も可能で、制作期間約1か月から。

201 | 難波橋　MAP P82　今や、北浜のシンボルとなっている通称“ライオン橋”は、『土佐堀川』『中之島公園』『堂島川』にまたがっている。橋の四隅にいるライオンの口は、阿吽（あ、うん）になっているのだそう。この周辺にはいくつもの橋があり、夜になるとライトアップされて、とってもキレイ!

104 | 丸福珈琲店 北浜店

まるふくコーヒーてん きたはまてん/カフェ　MAP P82

マントルピースや漆喰の壁、装飾など、古き良き大阪の雰囲気が色濃く残るカフェ。創業昭和9年から、昔ながらの製法にこだわった独特の深みのある濃い味にファンも多いそう。フードも洋食を一から学んだシェフが手掛けているから、お茶だけでなくランチ使いにもおすすめです。古くから味にうるさい粋な大阪人のスピリットに触れられる貴重なお店です。

大阪市中央区伏見町2-2-6 青山ビル1F ☎06-6231-0820 7:30〜20:00 土・日祝休 京阪本線・地下鉄堺筋線北浜駅⑥出口より徒歩3分 www.marufukucoffeeten.com/

蔦の絡まる大正生まれのレトロビルは、有形文化財指定。この蔦は、阪神甲子園球場から移植されたものだとか。ビル自体が都会の中のオアシス的存在に。

105 | アトリエ箱庭

アトリエはこにわ/教室&カフェ　MAP P83

小さなオフィスビルの3階にあるドアを開けると、昭和初期の古書が並ぶ本棚が目に飛び込んできます。部屋の中央にある広い木製のテーブルで好きな本を読みながらまったりできる居心地のいい空間がお気に入り。また、篆刻やフランス語、装丁の教室などが随時開かれていて気軽に参加できます。平日のオーナーのきまぐれカフェも人気。事前に連絡を。

大阪市中央区北浜1-2-3 豊島ビル301号 ☎06-6203-5877 15:00〜19:00(土・日は教室により異なるため要予約) 不定休 京阪本線・地下鉄堺筋線北浜駅③出口より徒歩7分 www.hakoniwa-k.com/

興味が湧くままに、いろいろな習いごとをはじめたくなります。篆刻はとてもモダン!教室はすべて予約制になるので、早めに連絡してみて。展示会などもチェック。

202 | フジハラビル MAP P83 大正時代のレトロビル。廃屋同然だったこのビルを、オーナー自ら修復。ギャラリーやアクセサリーショップなども入り、現在では天神橋のシンボル的存在になっています。正面の大きな窓に写し出される映像の映写音響トリックは必見ですよ。

人気のランチメニューは、岩手岩泉短角牛のハンバーガーやサンドイッチ(1,050円)。思わず笑みがこぼれてしまうほどの美味しさ!グラスワインは630円から。

106 | cafe a vin LE BOIS

カフェ ア ヴァン ル ボア/カフェ　MAP P83

ビルの1階には、ボリュームあるフレンチで人気の『ラ トォルトゥーガ』が入っています。実は、このカフェでも『ラ トォルトゥーガ』の萬谷シェフの料理や、同じワインがいつでも楽しめるんです。それに、こちらも大人気の『ブランジュリー　タケウチ』とのコラボレーションパンも好評で、幅広い客層に指示されています。美味しい料理とワインで、楽しい時間になること間違いなし。

大阪市中央区高麗橋1-5-22 2F　☎06-4706-2200　11:00～23:00(L.O.)、日～20:00　火休　京阪本線・地下鉄堺筋線北浜駅⑤出口より徒歩5分

107 | Calvados

カルヴァドス/バール　MAP P83

濃厚でフルーティな自然派ワインを、手頃な価格でいただけるヨーロピアンバール。夕暮れ時、お店の明かりが灯ってくると川を臨める特等席では、セーヌ川のほとりにいるような気分に。黒板のおすすめのお料理を選びながら、心地よいサウンドに包まれていると、時間が経つのを忘れてしまいそう。最後は、やはりカルヴァドスで締めくくりたい。

大阪市北区天神橋1-1-1 中塚ビル1F　☎06-6881-6000　12:00～15:00、18:00～24:00(L.O.23:30)月休　京阪本線・谷町線天満橋駅②出口より徒歩8分

春と夏は、外の風が気持ちいい川に面したテラス席がお目見え。まるで、ここはパリ!?と、錯覚してしまうぐらい、ゆったりとしたゆるい時間が流れます。

203 | レトロ居酒屋ふしみ MAP P82　お店の歴史は68年。開店以来お客が持ち込んだ物が、壁、天井など店内のあちらこちらに埋め尽くされているというユニークな飲み屋さん。アジア各国のビールは500円からなど、一人でも気負わず楽しめるお店。☎06-6231-8494

108 | dieci

ディエチ/インテリア雑貨&カフェ　MAP P83

北欧ブーム以前から、シンプルで温かみのあるデザインが魅力の北欧家具を取り扱っています。センスよくかつ個性的な、選りすぐりのインテリア雑貨が店内にずらりと並んでいます。2階のカフェは、大きなガラス壁から光が差し込み、居心地抜群! いつか自分の暮しに取り入れたいインテリアを、あれこれ思いながらゆったりくつろいで欲しい。

大阪市北区天神橋1-1-11 天一ビル1・2F ☎06-6882-7828 1Fショップ13:00〜20:00、2Fカフェ12:00〜21:00(日祝は1・2Fともに〜19:00) shop火休、cafe不定休 京阪本線・地下鉄堺筋線北浜駅①出口より徒歩15分 www.dieci-cafe.com

スウェーデンの陶芸作家、リサ・ラーソン氏のもの。なんともユーモラスで味のある動物たちは、一度見たら忘れられません。どの子を連れて帰ろう?

109 | tectail

テックテール/アンティーク雑貨　MAP P83

オーナーの瓜坂さんが、気の向くままに買い集めた、独特の美や物語を感じるお宝がいっぱいのアンティークショップ。異国情緒あふれる店内には、ヨーロッパ各地からアジアまで年代も様々な商品がずらりとそろいます。スタイリストさんご用達なのも納得のセレクトをあれこれ眺めていると、あっという間に時間が過ぎてしまいます。

大阪市北区天満3-2-1 江村ビル1F ☎06-6353-1428 11:00〜20:00 不定休 京阪本線・地下鉄谷町線天満橋駅②出口より徒歩8分 www.tectail.com/

店内の様々なオブジェは、パーツ素材として、何か新しいものをつくるのにも役立ちそう。お部屋のインテリアの改造を計画してみたり、想像が膨らんでくる!

204 | 山猫軒 MAP P83　自家製パン(300円)とピザ(900円〜)のカフェ。ドリンクメニューも豊富で、自家製サングリア(350円)が特にオススメ! ピザとワインでサクッと一杯も、がっつりもお任せのお店。こじんまりとした隠れ家的なお店なので一人でも安心ですよ。☎06-6354-7372

大阪文化

no.2

［ザ・フェニックスホール］

夜の梅田を歩いていると、まるで浮かんでいるようにきらりと美しく光る一角が目に入ってきます。そこは、『ザ・フェニックスホール』というコンサートホール。ビルの2階から5階を使った全面ガラス張りのホールです。大阪の街がバックに広がる舞台は、なんともロマンチックで、まるで空中劇場にいる気分。外からも中の様子がはっきり見え、仕事が終わり疲れて一人帰路についている時も、演奏会の様子を眺めているだけで幸せな気分になれます。301席とこぢんまりしたホールだけれど、音響設備は最高級。ホールには、ポール・ギヤマンなどの絵画や彫刻作品も多数展示され、芸術にあふれた魅力的な空間。公演は、クラシック音楽をメインに、小ホールの特性を生かしたユニークな企画が多く、個人的なコンサートや、演劇、映像などでの利用も可能なんです。こんな素敵なホールに呼ばれたら、みんなきっと喜ぶはず!

110｜ザ・フェニックスホール

ザ フェニックスホール/ホール　MAP P90

大阪市北区西天満4-15-10 ニッセイ同和損保フェニックスタワー内　☎06-6363-0311 営業時間・定休日要問合せ　京阪本線・地下鉄淀屋橋駅①出口より徒歩8分　www.phoenixhall.jp/

立ち寄りSPOT

111｜夕霧そば 瓢亭

ゆうぎりそば ひょうてい/そば　MAP P90

お初天神東側の細い路地を入った所の風情ある佇まいが魅力的。柚子きりの白い夕霧蕎麦（1,100円）が有名ですが、吉野葛でとろみのついた深山蕎麦（950円）も、季節ごとの生麩入りでかわいい。

大阪市北区曾根崎2-2-7　☎06-6311-5041　11:00〜23:00、土〜22:30　日祝休　京阪本線・地下鉄御堂筋線淀屋橋①出口より徒歩10分

大阪最新アートに触れに行こう！

西天満エリア

現代アートから骨董まで、大阪のアート事情を知りたいならここ。
周りには、『中之島公会堂』や『東洋陶磁美術館』と見どころ満載。
気候がよければ散歩がてらにぜひ！

佐藤 有紀

かつて大阪天満宮の参道として
にぎわっていたというこの辺りは、
今ではギャラリーや骨董店などが
並ぶ美術の街に。また、大川沿い
を散策すれば、まるでパリのセー
ヌ川沿いを歩いているような、美
しい大阪を感じられます。

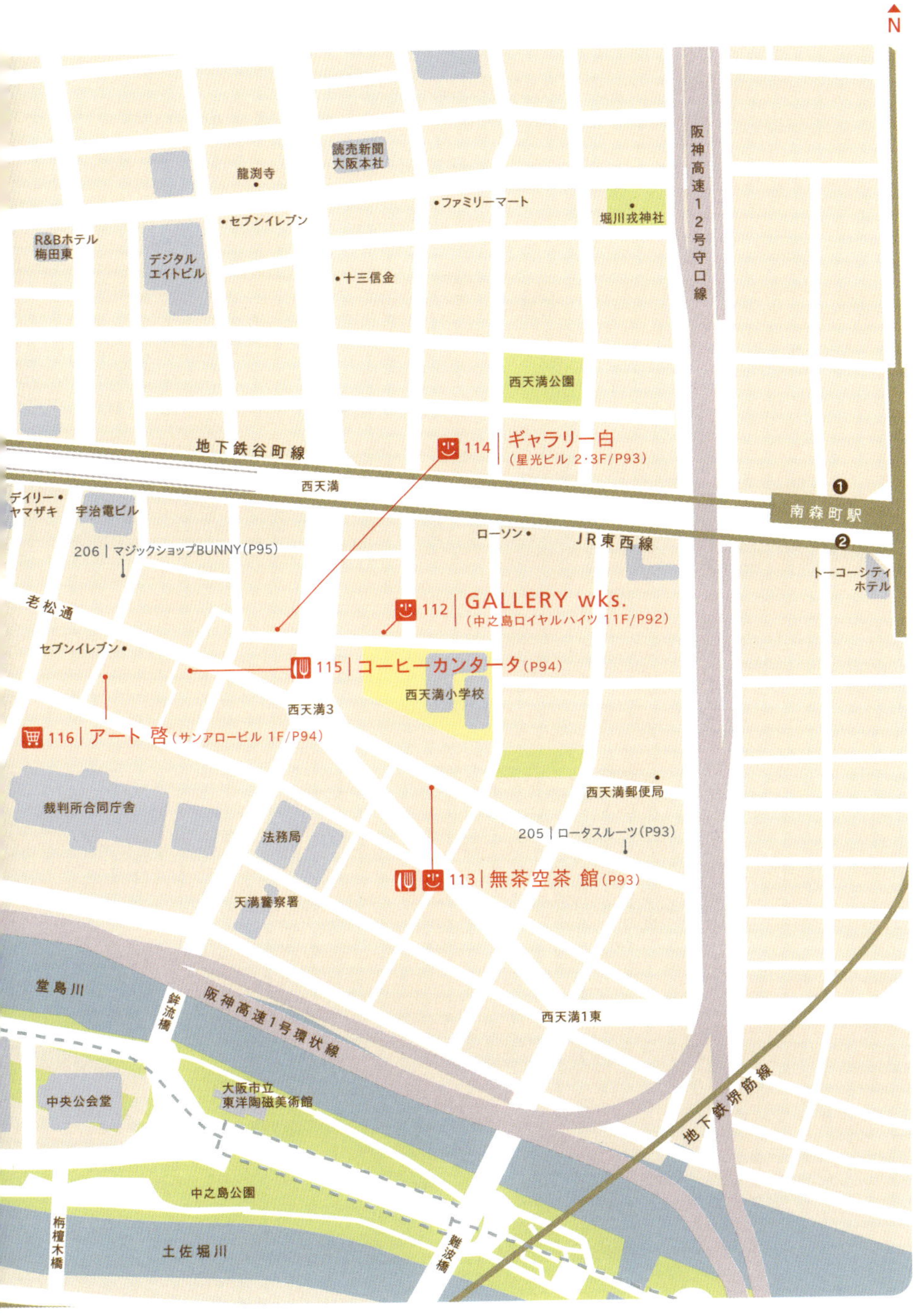
N
阪神高速12号守口線
読売新聞
大阪本社
龍渕寺
ファミリーマート
堀川戎神社
セブンイレブン
R&Bホテル
梅田東
デジタル
エイトビル
十三信金
西天満公園
地下鉄谷町線
114 | ギャラリー白
(星光ビル 2·3F/P93)
西天満
南森町駅
デイリー
ヤマザキ
宇治電ビル
ローソン
JR東西線
206 | マジックショップBUNNY(P95)
トーコーシティ
ホテル
老松通
112 | GALLERY wks.
(中之島ロイヤルハイツ 11F/P92)
セブンイレブン
115 | コーヒーカンタータ(P94)
西天満小学校
西天満3
116 | アート 啓(サンアロービル 1F/P94)
西天満郵便局
裁判所合同庁舎
法務局
205 | ロータスルーツ(P93)
113 | 無茶空茶 館(P93)
天満警察署
堂島川
鉾流橋
阪神高速1号環状線
西天満1東
中央公会堂
大阪市立
東洋陶磁美術館
地下鉄堺筋線
中之島公園
栴檀木橋
土佐堀川
難波橋

112 | GALLERY wks.

ギャラリー ワークス/ギャラリー MAP P91

11階建てマンションの最上階にあるギャラリー。ドアを開けると、住居空間だったなんて想像できないほど、白くシンプルな空間が広がります。アート作品との出会いは、人との出会いと同じ。作家もこのギャラリーで展示した自分の作品によって自分自身と出会える気がするし、アートは作り手、鑑賞する人、両者に新しい世界を開いてくれる…そんな気持ちにさせてくれます。現代美術とあまり馴染みのない方もぜひ足を運んで。

大阪市北区西天満3-14-26 中之島ロイヤルハイツ1103 ☎06-6363-2206 11:00～19:00、土曜・展示会最終日～17:00 日休 地下鉄谷町線南森町駅②出口より徒歩10分 www.sky.sannet.ne.jp/works/

ギャラリーに続く廊下からは、ライトアップが美しいレトロなレンガ建築の中央公会堂などが見えます。

平面作品から立体、映像、インスタレーションと幅広い作品が取扱われている。オーナーの片山さんは常に作り手の目線でアートの場を提供されています。

老松町界隈…この辺りには、古美術店や画廊が約80軒集まっています。また、弁護士事務所も多く、周囲の騒がしさから解き放たれた静けさでスノッブな雰囲気。かつては大阪天満宮への参道としてにぎわっていましたが、今では“美術の街”のイメージが定着しているようです。

113｜無茶空茶 館

むちゃくちゃ かん/中国茶カフェ MAP P91

昔ながらの町家を改装したこちら。以前は、オーナーである黄氏のアトリエスペースとして使われていたとあって、独特の芸術的な香りが漂っています。葉の種類は、季節ごとに常時20種類そろい、中国茶器を使って本格的形式でいただけます。同じ葉でも煎れるごとに味が変化するので味わい深く、お茶を通してその奥に見える文化にも興味が沸いてきます。

大阪市北区西天満3-9-2 ☎06-6361-6910 12:00〜19:00 日祝休 地下鉄谷町線南森町駅②出口より徒歩10分 www.muchakucha.net

奥の部屋では、オーナーの黄さんによる中国茶の教室（月額4,000円〜）が定期的に開かれています。月一度は満月会（要予約）という創作料理の会もあり。

114｜ギャラリー白

ギャラリーはく/ギャラリー MAP P91

老松町の様々な種類の画廊のうち、『ギャラリー白』は現代美術の画廊として老舗的な存在。現代美術作家を多く生み出し、私にとっても絵画の持つ力、楽しさ、厳しさを教えてもらった場所でもあります。迫力のある作品が所狭しと並び、嗅ぎなれた油絵具の匂いに何故かほっとする。入りづらい…など思わずに、多くの方に訪れて、体感して欲しいです。

大阪市北区西天満4-3-3 星光ビル2・3F ☎06-6363-0493 11:00〜19:00、土〜17:00 日休 地下鉄谷町線南森町駅②出口より徒歩10分 www.ne.jp/asahi/gallery/haku/

平面、立体の作品を主に取扱っています。2、3階がギャラリースペースに。貸し画廊、企画展示もあり、詳しくはホームページを参照。作品の販売もあるので、ぜひ。

205｜ロータスルーツ MAP P91 築90年ほどの町家を改装したカフェ&ギャラリー。素材にこだわったスイーツや、ドリンクも豊富。ギャラリーで作品を見た後は、カフェでほっこりしてみて。環境に優しい自然派な雰囲気が心地いいですよ。☎06-6131-1553

ネルドリップで入れるブレンドコーヒー（400円）やトルココーヒー（500円）の味は格別。柱時計がゆっくりと時間を刻むお店の電話は昔のダイヤル式。

115 | コーヒーカンタータ

コーヒーカンタータ/カフェ　MAP P91

老松町のメインの通りにある、入口の赤いポストが目印のカフェは、昭和レトロな雑貨のコレクションがあふれ、昭和初期の映画に出てくるようなどこか懐かしいお店。近所の常連客やサラリーマン、アーティスト、と様々な人が訪れるけれど、ここでコーヒーを飲んでいると、誰でも老松町の住人になったような気分になれます。この界隈のことが知りたければ、オーナーの吉村さんに聞いてみて。

大阪市北区西天満4-6-22　☎06-6363-0318　9:00～20:00（L.O.19:40）、土～19:00、日祝～17:00　不定休　京阪本線・地下鉄御堂筋線淀屋橋駅①出口より徒歩10分

116 | アート 啓

アート けい/骨董　MAP P91

慣れない人はちょっと緊張してしまう骨董店のなかで、比較的入りやすいのがここ。お手頃価格のかわいい雑貨も見付かります。一見、雑然とした店内だけど、外国人の目で東洋のお土産を探している気分になってみると楽しい。日本古来から受け継がれている細やかな美が新鮮に映ります。壁に並んだ蕎麦ちょこコレクションも見事です。

大阪市北区西天満4-6-12　サンアロービル1F　☎06-6364-4761　11:00～18:30　日祝休　京阪本線・地下鉄御堂筋線淀屋橋①出口より徒歩10分

アンティークの着物の生地や、和小物も多数あり。昭和初期のおもちゃなども。月に一度、四天王寺の蚤の市（P12）にも出店されるとのこと。そちらにも訪れたい

老松古美術祭…春と秋の年2回、老松町の古美術店約40軒が参加。普段はちょっと敷居の高いお店も店頭にリーズナブルな商品を並べるなど、古美術、骨董に親しむチャンス！ 平成7年より季節のイベントとして恒例になっています。詳しくはホームページにて。www.oimatsu-cho.gr.jp

果汁たっぷりレモンケーキ（450円）が私のオススメ。ハチミツレモネード、ハチミツゆずネードなど、身体に優しいハチミツメニューが豊富にそろう。

117 | ミツバチ堂 ミツバチどう/カフェ MAP P90

「ミツバチが蜜を集めるように、様々な人が美味しいものや、快適さを求めて集まってくる」。そんな空間にしたかったという、オーナーの気持ちが、心地いい店内の空気をつくりだしています。通りに面した大きな窓や店内の真ん中にある広々としたテーブルが開放感を与えて、友達やカップルでの飲食はもちろん、一人で本を読んだり、書き物をしたりと、それぞれのペースでゆっくりとくつろげます。

大阪市北区西天満2-9-2 真和ビル中1F ☎06-6363-3288 11:30〜22:00（L.O.21:00）、土〜18:00（L.O.17:00） 日祝休 京阪本線・地下鉄御堂筋線淀屋橋駅①出口より徒歩10分

118 | Oギャラリー eyes

オーギャラリー アイズ/ギャラリー MAP P90

老松通りに面する少し古びた雑居ビルの3階にあるギャラリー。中に入ると、ピンと緊張した空気に背筋が伸びるような気持ちに。壁にかけられた新鮮な作品たちを見れば、部屋の空間が実際よりもぐんと広がっていき、あれこれ想像しながら絵の世界に引き込まれていくはずです。作家さんが在廊されている時は、ぜひ作品の話を聞いてみて。

大阪市北区西天満4-10-18 石乃ビル3F ☎06-6316-7703 11:00〜19:00、土〜17:00 日休 京阪本線・地下鉄御堂筋線淀屋橋駅①出口より徒歩10分 www.2.osk.3web.ne.jp/~oeyes/

現代美術全般を取り扱うギャラリー。特に、若手の平面作品が多いので、みずみずしいアートの息吹に触れることができる。作家さんがいる時を狙ってみて。

206 | マジックショップBUNNY MAP P91 最新グッズから、古典的なモノまでそろう手品道具の専門店。現役マジシャンが店主なので、道具の使い方が分からないものがあれば、手ほどきも受けられるとあって、女性にも人気。☎06-6311-3377

番画廊

119｜番画廊

ばんがろう/ギャラリー　MAP P90

レトロビルの入口近くのこのギャラリーは70年代に開店の老舗画廊。いつも質の高いアート作品が紹介されています。取り扱われる作品は幅広く、古今東西あらゆる芸術作品がピタリとはまるのが不思議！ 現代美術のインスタレーションで部屋がいっぱいになっていたり、格調高い作品が飾られていたりと、週変わりでがらりと表情が変わるのがおもしろい。

大阪市北区西天満2-8-1 大江ビルヂング1F ☎06-6362-7057 11:00～19:00、土～17:00 日休 京阪本線・地下鉄御堂筋線淀屋橋駅①出口より徒歩10分 homepage2.nifty.com/bangarow/

大江ビルの入口の大きいアンティークの柱時計とレトロな煙草屋さんの間を通り抜けると、この扉に辿り着きます。同じ階に、写真のギャラリーもあります。

大江ビルヂング
番画廊とfévesが
入っているビルです

120｜féves

ファブ/アクセサリー＆教室　MAP P90

アンティークヴィンテージビーズの専門店。“féve”とは、ヨーロッパでは幸福の象徴である“そら豆”のこと。店内には小さな引き出しや、ガラスの容器が並び、その中にはオーナーがヨーロッパ各地で買い付けたビーズやボタンがぎっしり。見ているだけでうっとりしてしまいます。明るい窓際は工房になっていて、そこでつくられたセンスのいいアクセサリーも注目して。

大阪市北区西天満2-8-1 大江ビルヂングB1 ☎06-6362-2237 12:00～19:00 日休 京阪本線・地下鉄御堂筋線淀屋橋駅①出口徒歩10分 www.feves.jp/

乙女気分♪

毎月、アクセサリー教室も開かれている（1回2,000円～）。オリジナルのアクセサリーキットもあり、手頃な価格で手作り体験ができます。デザインも素敵。

207｜大江ビルヂング MAP P90　大正10年築関西初の全室賃貸ビル。現在は入口にある『119 番画廊』のほか、法律、デザイン事務所に混ざって各種ギャラリーや洋服のセレクトショップ、ヨーロッパアンティークショップなどが入っていて楽しいビルになっています。一度覗いてみて！

大阪文化

no.3

[天満天神繁昌亭]

　梅で有名な大阪天満宮からほど近く、天満天神繁昌亭は60年ぶりに復活した落語専門の定席です。隣接する天神橋筋商店街をはじめ、多くの落語ファンの熱意によって復活が実現しました。公演は、毎日昼の部と夜の部の2部制。オープン以来、特に昼の部は常に満席が続くほどの盛況ぶり。昨今の落語ブームの火付け役といっても過言ではありません。ベテランから若手まで噺家も日によっていろいろですが、予備知識がなくても楽しめるのが落語のいいところ。特に、上方落語は派手で楽しくサービス精神にあふれているので、初心者でもすぐに入り込めるのではないでしょうか？ さすがお笑いの文化・大阪のルーツと感じられるでしょう。「噺家を目指す人は、自己顕示欲の強い人が多いですね。落語は自分一人が主演・演出もできる舞台ですから」と上方落語協会事務局長の小山さん。落語は生の舞台。噺家の人間味にも触れられます。その人柄のことを“仁”といい、落語の世界ではとても大切なのだそうです。お気に入りの噺家目当てに来る方の気持ちがわかります。落語を堪能した後は、近くにある洋食の『樹林亭』や、ごま団子の『和田萬』、夜には天満市場界隈（P22）の立ち飲み屋など、お楽しみどころもいっぱいです。

121 | 天満天神繁昌亭

てんまてんじんはんじょうてい/落語　MAP P7

大阪市北区天神橋2-1-34　☎06-6352-4874　営業時間・定休日要問合せ　地下鉄谷町線・堺筋線南森町駅4-B出口より徒歩3分　www.hanjotei.jp/

ルンルン♪自転車に乗って下町巡り

松屋町・谷町エリア

人形の街として有名な、松屋町界隈から
玉造までの道のりには、個性豊かなお店がいっぱい。
自転車に乗って楽しい下町巡りへ出掛けよう。

松岡　文

谷町や玉造のあるエリアは大阪城の南に位置し、上町台地と呼ばれ、歴史あるエリアです。今でも町家が数多く残り、下町風情がある街並みのなかに、個性豊かなお店がたくさん。自転車を借りて、散策するのがおすすめです。

N
中央大通
谷町四丁目駅
地下鉄中央線
阪神高速13号東大阪線
パル法円坂
大阪市
中央青年
センター
上町筋
大極殿跡
•ローソン
地下鉄谷町線
交番•
谷四錦郷
公園
国立病院機構
大阪医療センター
難波宮跡公園
ークルK
内久宝寺町
郵便局
附属看護学校
130 | BROADHURST'S (P105)
上町
市文化財協会
銅座
公園
大槻能楽堂
•交番
広小路公園
市立聾学校
寺山公園
三菱東京UFJ銀行
•上本町郵便局
131 | TRUCK AREA2 (P105)
三井住友銀行
ファミリーマート
谷町六丁目駅
地下鉄長堀鶴見緑地線
長堀通
結
•ファミリーマート
上本町1
208 | carbon (P103)
126 | ひなた (P103)
上本町変電所
132 | TOPO DE MINO (北島ビル 1F/P106)
空堀町
至玉造駅→
桃園
公園
清水谷高校
125 | kimidori (P102)
空堀桃谷
公園
129 | Bunpaca (2F/P104)
•常満寺
善福寺
017 | SUUSU (新谷町第一ビル 1F/P25)
清水谷公園
蓮華寺
セブンイレブン
209 | どんどろ大師 (P104)
谷町筋
清水谷郵便局
127 | 赤い実coffee (中西ビル 1F/P103)
ファミリーマート
上町中
空清町
公園
明星学園高・中
円珠庵
穴太院
124 | Boulangerie IÉNA (P101)
ローソン
高津中
•谷町郵便局
•蓮成寺
•正覚寺
128 | kotikaze (P104)
成道寺•
•宝泉寺
妙光寺
宝国寺
•福泉寺
高津高校
東平北公園
妙法寺

古い町屋を改装した複合ショップ「練」の
中にあります
練
ココ♪

カラフルな自転車で
気分もhappy!

自転車に乗って、大阪の顔を見付けた! 楽しさがいっぱい。

122 | うえまち貸自転車

うえまちかしじてんしゃ/レンタサイクル　MAP P98

「上町のすばらしさをみんなに広めたい」とのオーナー小田切さんの熱意から4年前にオープン。歴史的名所の多い上町台地散策には、自転車がおすすめ。今は生粋の上町っ子京谷さんが店長となり、上町の歴史などいろいろ教えてくれたり、さらに事前に予約すれば大阪城・難波などを巡るガイドツアーも。大阪の魅力を再発見できます。『うえまち貸自転車』でカラフルな自転車をレンタルしたら、上町散策にレッツゴー!

大阪市中央区谷町6-17-43　☎070-5664-8184　11:00〜17:00　水休　地下鉄長堀鶴見緑地線松屋町駅③出口よりすぐ
www.uemachi.net/chari.html

うえまち
貸

右:お店は『練』入口右横にあります。左:かわいいお店のロゴ。料金は1時間300円、1日1,300円、ガイドツアーは1グループ5〜10名600円。いずれも要予約。

町屋を利用した複合ショップ…上町には『練』など古い町屋を再生した複合ショップがあります。ほか、谷町にある『萌』と『惣』、そして玉造の『結』。『結』にはゲストハウス『由苑』も07年夏に登場しました。ますます上町から目が離せません。members.com/Rmasa/ROKHP.htm

123 | 空堀商店街

からほりしょうてんがい/商店街　MAP P98

谷町に来たら、商店街は要チェック。西は松屋町筋から東は上町筋までの長くて、昔ながらの活気あふれる商店街です。買い物はもちろん、人気の飲食店もたくさんあるので、ここで腹ごしらえをしておくのがいいかも。毎年秋には『からほりまちアート』という、街のあちこちにアートが並ぶイベントもあり、興味をそそられる商店街なのです。

大阪市中央区谷町6　TEL・営業時間・定休日はショップにより異なる　地下鉄長堀鶴見緑地線・谷町線谷町六丁目駅④出口より徒歩3分

上町筋側入口です。この奥に美味しい洋食屋さんとお好み焼き屋さんがあります。からほりまちアートのホームページもあり! karahori-machi-art.com

124 | Boulangerie IÉNA

ブーランジェリー イエナ/ブランジュリー　MAP P99

レトロな商店の並びに突然現れるえんじ色のテント。ドアを開けるとパンの芳ばしい香りとフレンチミュージックに気分はパリ! 粉の甘みを生かすために、パンはシンプルなものが中心。パンそのものの味を大切にしているから、気付いたら一個完食していたり…きっとみんなトリコになるはずです。

大阪市中央区谷町7-1-39　☎06-4304-1215
8:00〜19:00　日祝休　地下鉄長堀鶴見緑地線・谷町線谷町六丁目駅③出口より徒歩3分

人気のリュステュック(170円)やクロワッサン(120円)、中身ぎっしりのクリームパン(110円)など。スイーツ系もおすすめ。オリジナルエコバックもあり。

ちんどん通信社…空堀商店街の近くに拠点を置く、ちんどん屋集団。圧倒的なパフォーマンスにちんどん屋の枠を越えた活動は、日本のみならず世界からも注目されています。イベントに来てもらうことも可能。☎06-6764-1984　www.tozaiya.co.jp

レトロな通りの途中、かわいい看板がお出迎え

窓の奥にはアトリエが…

深い焦げ茶色と、きみどり色のバランスがまたいいんです。

125 | kimidori

キミドリ/家具　MAP P99

MAP P99

坂道の途中にある昔ながらの雰囲気の家具屋さん『kimidori』。店内には、明治から昭和30年代ぐらいまでの日本の家具たちがセンスよく並んでいます。奥の工房で一度白木になるまでこすり、3度も塗料を塗り込むという丁寧な作業を施している家具にはこのお店らしい味が。「自分が買いたいような家具を置きたい、アンティークをもっと気軽に楽しんで欲しい」というオーナーの国分さん、吉村さんの思いが感じるステキなお店です。

大阪市中央区谷町6-4-40　☎06-6764-1228　11:00〜19:00　水、第3木休　地下鉄長堀鶴見緑地線・谷町線谷町六丁目駅④出口より徒歩3分　www.kimidori-f.com

右:小学校の長机、同じく小学校の椅子。左:何気なく置かれた雑貨も気になります。奥は工房に。金曜日に新しい家具が店頭に並ぶので、土曜日がねらい目です。

見どころいっぱいの筋…谷町六丁目駅③出口を出て、一本東に入った筋は、町家を改築したギャラリーや今話題のフレンチレストランなどいろいろお店があります。興味がある人は寄り道してみて。

126 | ひなた

ひなた/カフェ&雑貨　MAP P99

谷町筋を少し入ると『ひなた』がひっそりとあります。築100年を超える長屋を自分たちの手で、改築して造ったという手作り感あふれる温かいお店。入口にカフェスペース、2階にはワークショップスペースを併設しています。店内には個性あふれる作家さんの作品や、オリジナルのマッチ箱、年1回発行のひなた新聞など、"気になる"がいっぱい!

大阪市中央区谷町6-6-10　☎06-6763-3905　12:00〜19:00　水休、不定休(HP参照)　地下鉄長堀鶴見緑地線・谷町線谷町六丁目駅④出口よりすぐ　www.geocities.jp/hinata_tanimachi/

こちらは1階の雑貨スペース。奥にはギャラリーも。2階では、写真や子どものワークショップや、アロマテラピー教室など、楽しいイベント盛りだくさんです。

127 | 赤い実coffee

あかいみコーヒー/コーヒー豆&雑貨　MAP P99

商店街を抜けて自転車で少し走ると、気になる鳥のマークを発見。お店の中からは心地よいコーヒーの香り。そう、ここは自家焙煎コーヒー豆と北欧ビンテージ食器のお店なんです。店主が朝早くから『DIEDRICH社』の焙煎機で丁寧に焙煎する豆は、深いけれど後味さっぱりの絶妙な味。"ひと手間かけて"を大切にする姿勢がステキです。

大阪市天王寺区空清町8-23 中西ビル1F　☎06-6765-5123　10:30〜19:00　日祝休　地下鉄長堀鶴見緑地線・谷町線谷町六丁目駅③出口より徒歩7分

北欧・英国ビンテージ食器も充実。カップ&ソーサは、種類にもよりますが5,000円前後が多いです。テキスタイルも素敵な柄がたくさん。店主のセンスが光ります。

208 | carbon　MAP　P99　『126 ひなた』の周りには素敵なお店が集まっています。隣にはシンプルで使える雑貨にたくさん出会える『carbon』☎06-6764-8260、斜め前には、大人の女性も楽しめるセンスのいい帽子屋さんもあり。

128 | kotikaze

コチカゼ/和喫茶　MAP P99

散策中、お腹がすいてきたらこちらへ。朝はお粥、お昼は松花堂弁当、和風アフタヌーンティーセットの宝づくしに美味しいお茶と、乙女ゴコロをくすぐる和喫茶さんです。厳選されたいろんな食材からたくさん栄養を取ってもらえるように松花堂弁当にしたとか。日本橋にある割烹『藤久』で修行された近藤さんの優しい味をぜひ試して欲しいです。

大阪市天王寺区空清町2-22　☎06-6766-6505　8:00〜19:00（L.O.18:30）　不定休　地下鉄長堀鶴見緑地線玉造駅②出口より徒歩7分　www2.plala.or.jp/kotikaze

ご飯とお味噌汁が付いた松花堂弁当（1,000円）は、器がかわいい。ほか朝粥（600円）も。予約をすれば、2階でタイ式マッサージが受けられる。ランチの後にぜひ。

129 | Bunpaca

ブンパカ/古着＆雑貨　MAP P99

次は、古いビルの2階にある『Bunpaca』へ。お店には、古着を扱うお仕事はかれこれ15年以上になるというオーナー池田さんの審美眼にかなったフランス古着がどっさりあり、まさに宝箱です。池田さんは、スティールパンの名手、山村誠一さん方と『ハロメーン!』のボーカルみっちゃんとして楽しいライブをされています。

大阪市天王寺区空堀10-17 2F　☎06-6764-7371　12:00〜19:00　土・日祝のみ営業　地下鉄長堀鶴見緑地線玉造駅②出口より徒歩5分

古着がいっぱいの店内。池田さんはネコグッズを制作、委託販売もされているそう。ポーチもとってもキュート!『prideli graphic lab（P39）』でも買えます。

209 | どんどろ大師　MAP P99　『129 Bunpaca』の近くにあるお寺で、正式名称は『善福寺』。弘法大師を深く信仰した土井利位が大阪夏の陣の戦死者を弔うために建てたと伝えられています。「どんどろ」は、その「土井殿」がなまってそう呼ばれるようになったもの。なんだか、かわいい名前ですね。

130 | BROADHURST'S

ブロードハースト/パティスリー　MAP P99

緑いっぱいの坂道を上るとそこには楽しいケーキ屋さんが。オーナーのピーター&敦子ご夫妻と職人さんたちがつくる、伝統的なイギリスのお菓子や、独創的で見ている方もワクワクするカラフルなケーキがキッチュな店内に勢ぞろい。子どもたちにも、ものづくりの場を見て欲しいと願いを込めたオープンキッチンもすてきで、夢のある愛すべきお店です。

大阪市中央区玉造2-25-12　☎06-6762-0009　10:00〜20:00　月休（祝の場合は翌休）　地下鉄長堀鶴見緑地線玉造駅①出口より徒歩7分　www.broadhursts.com

スコーン（180円）、エクレア（220円）、ナッツのいっぱい乗ったピーカンパイ（390円）など、イギリスの伝統的な焼き菓子たち。12:30頃に一番そろうのでねらい目!

131 | TRUCK AREA2

トラック エリアツー/家具&雑貨　MAP P99

1・2階は工房、3階がショップになっており、工房を横に見ながらショップに上がれるという幸せな構造のお店。温かみのある家具たちは、ずっと長く使っていくうちに味がでてきて、生活の一部になっていきます。『TRUCK』にある雑貨など、使い心地のいいものがいっぱい並びます。

大阪市中央区上町1-5-5　☎06-6764-5544　11:00〜19:00　火、第1・3月休　地下鉄長堀鶴見緑地線玉造駅①出口より徒歩5分　www.truck-furniture.co.jp

座り心地のいいソファやデスクなどがそろう。雑貨コーナーでは、『シロクマ舎』の商品もチェック。工房で余った革のハギレから作った小物がキュート。

『130 BROADHURST'S』とモダンブリティッシュについて…『BROADHURST'S』の内装のイメージは80年代のモダンブリティッシュ。イギリスの80年代を学ぶには、『さらば青春の光』、『ロック、ストック&ツー・スモーキング・バレルズ』などの映画がおすすめなのだそう。気になる方要チェック。

人気のエスプレッソカップは、2,000円前後から。形も様々、ロゴも様々。見ているだけで楽しいです。

132 | TOPO DE MINO

トポ デ ミーノ/雑貨　MAP P99

上町筋の途中にかわいいトッポジージョの看板が。そこは大阪では珍しい、イタリアのアンティーク雑貨店。店内にはアンティークのエスプレッソカップやグラス、ポスター、絵本（カリメロがかわいい）、オリジナル商品まで並びます。オーナー美濃出さんは、とても話しやすく気さくな方。美濃出さんとの会話を楽しみにいろんな方がお店を訪れ、初対面の人同士もいつの間にか談笑したり、楽しい時間があふれます。

大阪市天王寺区上本町1-2-11 北島ビル1F　☎06-6761-1567 11:00〜19:00　水休　地下鉄長堀鶴見緑地線・谷町線谷町六丁目駅⑦出口より徒歩3分　www.ciaotdm.com

133 | 松屋町筋

まつやまちすじ/商店街　MAP P98

最後に自転車を返却しがてら、松屋町筋を散策するもおすすめです。“まっちゃまち”の愛称で大阪人に親しまれる松屋町は、ひな人形から花火、おもちゃ、スノーボード用品までいろいろなお店が並ぶ筋。それぞれ魅力あるお店ばかりで、見ているだけでも楽しくなっちゃいます。私のお気に入りは結納商品のお店。建物正面が巨大な祝い袋になっていて、大阪らしいディスプレイに。きっと、大阪への愛が芽生える街です。

大阪市中央区松屋町　TEL・営業時間・定休日はショップにより異なる　地下鉄長堀鶴見緑地線松屋町駅すぐ

見るからに大阪らしい、楽しいお店がいっぱい。松屋町筋にある「まっちゃまち筋商店街」のホームページがあり、行く時に便利ですよ。www.matuyamati.com/

松屋町筋に高級チョコレートショップ誕生…07年、松屋町筋に高級チョコレートショップがOPENしました。クーベルチュールを自家焙煎する、日本で唯一のショコラティエだそう。店名は紹介できませんが、松屋町筋東側にあります。豪華な店舗なので、すぐ見付けられますよ。自転車で探してみてください!

大阪文化

no.4

[国立文楽劇場]

文楽、正確には人形浄瑠璃文楽は江戸時代に大阪で生まれ、世界無形遺産にも宣言された世界トップクラスの人形芝居です。初めは、どうしても人形の美しさとリアルな動きに目を奪われますが、実は文楽はストーリーを語る「太夫」、音楽の「三味線」、迫真の演技を示す「人形遣い」の三業のアンサンブルによって成る舞台芸術。三業が一体になり観客を酔わせるステージなのです。施設の中には人形の頭部と鬘（かつら）の準備等をする「首（かしら）・床山室」や「衣裳」「小道具」書き割り等の大道具の製作室が存在し、多くの達人が従事するゴージャスな劇場。全国から多くのファンが訪れるのも納得できます。江戸時代の芝居小屋を模したという建物には、色とりどりののぼりや提灯があって華やか。観劇以外でも利用可能な茶寮や展示室、図書室もあって必見です。文楽人形の絵柄の文楽せんべいはお土産に。

134 | 国立文楽劇場

こくりつぶんらくげきじょう/劇場　MAP　P109

大阪市中央区日本橋1-12-10　☎06-6212-2531　営業時間・定休日要問合せ　地下鉄堺筋線・千日前線日本橋駅⑦出口よりすぐ　www.ntj.jac.go.jp/bunraku

立ち寄りSPOT

135 | 本湖月

ほんこげつ/懐石料理　MAP P109

大阪風情あふれる法善寺(P20)は文楽劇場より徒歩10分。なかでも知る人ぞ知る大阪の高級懐石のこちら。料理、調度、空間に至るまで目を見張るセンスを感じます。予算は20,000円〜。

大阪市中央区道頓堀1-7-11 法善寺内　☎06-6211-0201　17:00〜20:30（入店）　日休　地下鉄御堂筋線・四つ橋線・千日前線なんば駅なんばウォーク南OSプラザ出口より徒歩3分

活気あふれる"食と文化"の街

日本橋エリア

電気屋だけと思っている人も多いのでは?
実は、大阪の文化スポットも近くに点在し、昔は"芸"の街。
通りを少し入れば、そんな面影を残す素敵なお店に出会えます!

玉井 恵里子

ここは、大阪の台所黒門市場(P16)と上方芸能を楽しめる国立文楽劇場(P107)などがあり、大阪の伝統を一度に楽しむことができます。気取らないお店の人の優しさに触れられることも魅力の一つです。

N
145｜大阪松竹座(P115)
146｜道頓堀 今井(P115)
135｜本湖月(P107)
008｜千日前TORII HALL
(上方ビル 4F/P18)
143｜相合餅(P114)
134｜国立文楽劇場(P107)
013｜法善寺横丁(P20,21)
142｜画廊 編 ぎゃらり かのこ(P113)
023｜ユザワヤ なんば店(ビックカメラなんば店 7F/P25)
007｜黒門市場
(P16,17)
137｜波屋書房(P111)
140｜グリルしき浪(P112)
144｜Barbara(P114)
006｜Fujimaru(P17)
138｜チリン(P111)
136｜千日前道具屋筋商店街(P110)
139｜一芳亭(P112)
025｜クラフトワールド なんばパークス店
(なんばパークス 5F/P25)
141｜きもの屋(P113)
212｜トキワカメラ(P112)
213｜味園ビル(P114)
210｜外灘紅緑灯(P110)
211｜高島屋東別館(P111)
地下鉄御堂筋線
ホテル リーヴァ心斎橋
ローソン
交番
戎橋
ドン・キホーテ
相合橋
安井道頓碑
道頓堀川
御堂筋
サミー戎プラザ
戎橋筋商店街
セラヴィスクエア
角座会館
千日前郵便局
大阪なんばワシントンホテルプラザ
法善寺
南OSプラザ
三菱東京UFJ銀行
なんば駅
地下鉄千日前線
日本橋駅
千日前通
近鉄日本橋駅
阪神高速15号堺線
B19
近鉄奈良線
ビックカメラ
アムザ1000
千日前中央通
郵便局
りそな銀行
難波センター街
国際シネマ
国際劇場
ファミリーマート
精華小劇場
H・Gホテル味園
黒門市場通
新歌舞伎座
なんばオリエンタルホテル
なんばマルイ
なんば千日前通
黒門商店街
なんば南海通
ローソン
ナンバプラザホテル
新生銀行
SWING よしもと
なんばグランド花月
難波西口
三菱東京UFJ銀行
高島屋
ファミリーマート
サウスロード千日前
無印良品
YES-NAMBAビル
ワッハ上方
ビジネスホテル ニッセイ
スイスホテル南海大阪
黒門公園
千日前公園
なんばCITY
なんさん通
セブンイレブン
日本橋3
難波中
南海難波駅
セブンイレブン
ローソン
日本橋小学校
日本橋公園
堺筋
なんばパークス
NTT
阪神高速1号環状線
日本橋3南
浪速郵便局
ローソン
交番
地下鉄堺筋線
南海本線・高野線
ヤマダ電機 LABI1なんば
五階百貨店
敷津東1
日本橋4
日本橋中学校
↓恵美須町駅
1
2
4
5
6
7
8
9
10
11
14
15
16
17
18
19
20
25

136｜千日前道具屋筋商店街

せんにちまえどうぐやすじしょうてんがい/商店街　MAP P109

このストリートは、どうしてもたこ焼き器や派手な看板ばかり目につきがちだけど、実は洒落た実用品が見付かるコアな場所。『和田厨房道具』で見付けたサイズ豊富なフライパンやお玉、泡立て器をたくさん壁に飾れば、やる気の出るキッチンに変身するはず。『千田』では、業務用のジノリの食器やフランスのかわいいマドレーヌ型を。『千田硝子』では、グラスにイニシャル入れをオーダーできます。レトロな看板が目印の『酒井』ではおかきを買いに立ち寄って。

大阪市中央区難波千日前5-19　TEL・営業時間・定休日はショップにより異なる　地下鉄御堂筋線・四つ橋線・千日前線なんば駅④出口より徒歩3分

馬のたてがみを用いた木枠馬毛裏ごし器は、つくれる職人が希少。フランスのシェフも求めに来る『和田厨房道具』。

左：『千田』ではホテルで使われるシルバー製品が。このポットで朝食を優雅に。右：『丸福』にてディスプレイにもなるかわいい食品サンプルを発見！

210｜外灘紅緑灯　MAP P109　道具屋筋の西側にある隠れ家的な店構え。小籠包（4個630円）、蒸し餃子（5個630円）、にら饅頭（6個756円）などの豊富な点心を堪能して欲しい。コースは2,625円からとリーズナブル。☎06-6645-0788　www.shanghai-deli.com/

137 | 波屋書房

なみやしょぼう/料理書　MAP P109

喧騒にあふれかえるアーケードのなかでは、見過ごしてしまいそうな小さな店構え。しかし、ここは日本中から問い合わせが入り、海外の方も多く訪れるほど有名な料理書の専門店。三代目芝本さんご夫妻のこだわりと情熱により築き上げられ、新刊から絶版になった希少本まで豊富に取りそろえられています。料理人でなくとも通い詰めたくなる雰囲気あるお店です。

大阪市中央区千日前2-11-13　☎06-6641-5561
9:30～21:45　無休　地下鉄御堂筋線・四つ橋線・千日前線なんば駅④出口より7分

娘さん、息子さん、奥様。本をこよなく愛してらっしゃるご家族に出迎えられる。「作りたい料理を伝えてもらえれば、こちらで本を紹介しますよ。」とご主人。

138 | チリン

チリン/アロハシャツ＆カフェ＆雑貨　MAP P109

手つかずのまま放置されていた空き家を店主の成田昭さんが自ら大改装。戦後間もない頃の古い商家は、元は仕出し屋さんだったそう。店の随所に、その名残りを見付けるのも楽しみの一つです。例えば、ジーンズが並んでいる白いタイルの台は魚を大量に焼いていたとか。アロハシャツや和雑貨、パンダ柄のオリジナルグラス（682円）もそろい、2階はカレーが美味しいカフェに。

大阪市中央区難波千日前7-15　☎06-6636-7508
11:00～21:00　不定休　地下鉄御堂筋線・四つ橋線・千日前線なんば⑨出口より徒歩10分　chilinn.com/

2階カウンターから階下を臨む。カレー（600円）、明太ポテトロール、チャパティ（600円）などがいただけます。黒門市場が近いので、足を休めに寄ってみて!

211 | 髙島屋東別館　MAP　P109　1934年に建てられたルネッサンス様式の建築物。3階は髙島屋史料館となっており、歴史的価値の高い戦前のポスターなども所蔵されています。天井の華麗な漆喰細工、エレベーターの階数を針で表されているのがステキ。髙島屋史料館 ☎06-6632-9102

なんば駅から南に進み、ローソンの角を曲がるとこの青いテントが。テイクアウト（15個970円～）ができるので、旅の帰りの車中で食べるのもいいです。

139｜一芳亭　いっぽうてい／焼売　MAP P109

焼売と言えばココ！ 細い階段を上がれば、いつもにぎやかな2階席へ。お目当ての焼売は、淡路島産タマネギと大分の豚肉、エビのミンチがふんわり薄焼き卵の皮に包まれています。柔らかくて、ほんのり甘く優しい味が人気。サラリーマンやカップル、帽子姿の老紳士、客層もバラバラ。でも、この焼売を前にすると誰もが笑顔があふれてくるんだなあと、ほのぼのしてきます。

大阪市浪速区難波中2-6-22
☎06-6641-8381 11:30～20:00 日祝休 地下鉄御堂筋線・四つ橋線・千日前線なんば駅④出口より徒歩5分
www.ippoutei.com/

ボリューム満点で人気の定食もオススメですが、私はカツサンド（1,000円）、クリームコロッケ（1,050円）が好きです。ほか、牡蠣フライや20センチもある大海老フライも。

コックヮ帽がいろんな方向に
動くのがかわいい
のです

140｜グリルしき浪　グリルしきなみ／洋食　MAP P109

大阪市中央区日本橋2-5-9
☎06-6631-7530 11:00～20:00（L.O.19:30） 水休
地下鉄堺筋線・千日前線日本橋駅⑤出口から徒歩3分

昭和34年の創業の老舗洋食店。ウィンドウに並ぶサンプルもレトロでかわいいので、この前でオーダーを決めてから入るのがベター。厨房の中には、白いコック帽の熟年のシェフ達が居並び、実にきびきびと調理をこなしていく姿を見るだけもワクワク。大阪の商売人の街らしい活気あるテンポに元気になれます。昔懐かしい洋食屋さんの味とボリュームを求めるならここ！ 一人でも安心して通えますよ。

212｜トキワカメラ MAP P109　関西屈指の在庫を誇る中古カメラの専門店。カメラマニアや、本格的に写真をはじめようという人で店内はいっぱい。「近頃、女性の方も増えていますよ」と責任者の島本さん。海外中古カメラも見付かる。　☎06-6641-9014　www.tokiwa-camera.co.jp

日本橋4丁目交差点から徒歩5分、日本橋商店会の中にあります。この辺りはまるでスークのよう。『骨董トランク』、『アートスペース亜蛮人』、中古着物の『植田衣料店』もあります。

141 きもの屋

きものや/リサイクル着物　MAP P109

私の知る限り最も着物を安く手に入れることができるお店。現在は、電気屋街としてにぎわう日本橋も、昔は古本屋と着物のお店が軒を列ね、落語家や役者が着物を物色しに来る街だったとか。外の雑然とした様子と一転、店内はゆったりした雰囲気。昔の着物は寸法が小さいからと、羽織は300円から。海外へのお土産にも喜ばれる柄が多いですよ。迷路のように入り組んだ場所にあるので、迷う人も多いかもしれません。

大阪市浪速区日本橋4-17-3　☎06-6641-4699　10:00～18:00　木休　地下鉄堺筋線恵美須町駅1-A出口より徒歩5分

142 画廊 編 ぎゃらり かのこ

がろう あみ ぎゃらり かのこ/ギャラリー　MAP P109

歓楽街のど真ん中にあるギャラリー。大よそギャラリーらしからぬ立地ながら、アートを愛する人や作家が絶え間なく訪れ、和やかな時間が流れています。若手作家から実力派まで、企画内容もバラエティー豊か。2階へ続く木の階段、畳の間と作品風景、タイル貼りの流しなど、昔ながらの空間を感じて欲しいです。アート教室は、1日参加も可能なので、旅の思い出にぜひ。

大阪市中央区千日前1-2-6　☎06-6214-2595　12:00～19:30、土～16:00　日休（祝の場合は営業）、8月中は休み　地下鉄堺筋線・千日前線日本橋駅②出口より徒歩3分　www.ami-kanoko.com/

キューレターでオーナーの中島さんと1階スペースの『編』にて。月～土曜の展覧会の内容は入れ替わります。作品を発表したい作家の相談も受けています。

日本橋のルーツ…┆142 画廊 編 ぎゃらり かのこ┆などの周りには、昔は“しもた屋”さんがたくさんあったそう。“しもた屋”とは、商売をたたんだ家の意味で、商店街に点在する普通の住宅のこと。語源は“しもうたや”。朝から三味線の音が聞こえ、夏には天秤棒を担いで金魚屋が来たり、風情のある街だったそう。

45年焼き続けられてきた伝統の味をぜひ。お土産用（10個入り1,250円）は自宅で美味しく焼き上がるよう説明してくれます。イートインではぜんざい（500円）も。

143 | 相合餅 あいおいもち/焼き餅 MAP P109

夜になるとネオンがきらめく繁華街、相合橋筋商店街に夕方5時オープンの焼き餅専門店があります。店先の鉄板に並ぶ、ぷっくりした焼き餅の姿に思わず足が止まります。真っ白いお餅と、よもぎが練り込まれたのと2種類あって、北海道産の粒あんがぎっしり入ってどちらも125円。お店の奥には小さいけれどイートインコーナーが。法善寺や文楽の寄り道にいかがでしょうか？

大阪市中央区千日前1-7-3 ☎06-6213-0973 17:00～翌1:30 日祝休 地下鉄堺筋線・千日前線日本橋駅②出口より徒歩4分

144 | Barbara

バルバラ/イタリアン MAP P109

キャバレーのネオン街を抜け、光の途切れた道を歩いていると、そこだけパッと明るく光る場所が。シェフがパリで見付けたお気に入りの場所に似ていることから、この立地に決めたそう。赤いソファに映画のポスターが印象的な店内。イタリアンながら、黒板メニューにはきずしや煮ダコ、甘鯛コブ…。そのユニークなアレンジは食してのお楽しみ。

大阪市中央区難波千日前5-30 ☎06-6636-0315 18:00～24:00（L.O.23:30） 日祝休 地下鉄堺筋線・千日前線日本橋駅⑤出口より徒歩5分

オーナーシェフの井上智博さんは、生粋の日本橋生まれ、黒門育ち。黒門市場が近く、新鮮な素材ばかり。特に魚介類のメニューがオススメ！ 予算は一人4,000～5,000円。

213 | 味園ビル MAP P109 怪しく光るくキャバレーのあるネオンビル。滝が流れるスロープを上がると2階にはバーがずらりと並んでいる。冒険派におすすめは、『BLACK PANTHER』☎06-6644-5549。インテリア、音楽共センスが良いです。チャージ300円、ビール600円～。

大阪文化

no.5

[大 阪 松 竹 座]

“歌舞伎の殿堂”として知られる『大阪松竹座』は、大正12年に建てられた本格的な西洋建築です。正面のネオルネッサンス洋式のファサードは当時のままの姿で、現在では道頓堀通りの極彩色のネオンがあふれるなかで異彩を放ち、風格があります。どの席も楽しいですが、役者を間近に見られる花道近くの席や、着物などオシャレ姿がひと際目立つ1階のサイド席もいい席です。また、お楽しみの一つであるお弁当は、幕間の時間に合わせ近所の『はり重』『雛寿司』などで予約しておくのが通。幕間中なら、座席でもいただけます。そして、お宝は歌舞伎役者のブロマイド。2階の階段付近に貼り出された中から選び、次の幕間までに用意されるシステムで一枚500円。終演後は買えませんので要注意。1階の演劇関連書籍専門店で番付などを購入、予習すれば初心者ももっと楽しめますよ。

145 | 大阪松竹座

おおさかしょうちくざ/劇場　MAP P109

大阪市中央区道頓堀1-9-19　☎06-6214-2211（代）　営業時間・定休日要問合せ　地下鉄御堂筋線・四つ橋線・千日前線なんば駅⑭出口よりすぐ　www.shochiku.co.jp/play/shochikuza/gekijyo/

立ち寄りSPOT

146 | 道頓堀 今井

どうとんぼり いまい/うどん　MAP P109

人通りの多い道頓堀の喧騒を忘れさせる、清潔感あふれるおうどんの店。春は豆ご飯と季節料理、夏は玉葱入りの鱧すきが美味。松竹座の幕間用弁当（1,680円～）もここで調達が粋。

大阪市中央区道頓堀1-7-22　☎06-6211-0319　11:00～22:00（L.O.21:30）　水休　地下鉄御堂筋線・四つ橋線・千日前線なんば駅⑭出口より徒歩5分　www.d-imai.com

エリア別　ホテル案内

北浜・西天満・靭公園エリアに便利な

147 | リーガロイヤルホテル
リーガロイヤルホテル/ホテル　MAP P52

堂島川にほど近く、まるでパリのセーヌ川の畔にいるような気分になれる歴史あるホテル。エグゼグティブフロアーのインテリアや陶芸家バーナード・リーチのデザインによる『リーチバー』のデザイン、さらにサービスなどすべてが素晴らしいです。

大阪市北区中之島5-3-68　☎06-6448-1121（代）　シングル¥21,945～（1名1泊朝食なし、税サ込み）　JR大阪駅より無料送迎バスで約10分、JR新福島駅より徒歩8分　www.rihga.co.jp/osaka/

148 | 堂島ホテル
どうじまホテル/ホテル　MAP P7

寝ても覚めても素敵なデザインに浸りたいあなたには、このホテルしかない！“オーセンティックモダン”をコンセプトにした全76室の客室の家具はクリエイティブユニット『graf』によるデザイン。ファッションや音楽などの刺激的なイベントも。

大阪市北区堂島2-1-31　☎06-6341-3000（代）　スタンダードダブル¥22,000～（1名1泊朝食付き、税サ込み）　地下鉄四つ橋線西梅田駅⑧出口より徒歩3分　www.dojima-hotel.com/

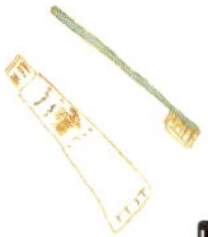

堀江・日本橋エリアに便利な

149 | ホテル日航大阪
ホテルにっこうおおさか/ホテル　MAP P29

雑貨ショップ巡りに加え、デパートやブランドショップをチェックしたいあなたにはこのホテルへ。心斎橋の百貨店の前に位置し、地下鉄心斎橋駅と直結なので便利。1・2階のラウンジからは、御堂筋の銀杏並木が眺められるので待ち合わせに最適。

大阪市中央区西心斎橋1-3-3　☎06-6244-1111（代）　シングル¥21,945～（1名1泊朝食なし、税サ込み）　地下鉄御堂筋線・長堀鶴見緑地線心斎橋駅⑧出口より直結　www.hno.co.jp/

150 | ホテルイルクオーレなんば
ホテルイルクオーレなんば/ホテル　MAP P7

ビジネスホテルですが、ロビーや客室にちょっとしたデザインなど、こだわりが散りばめられています。シングルルームのベッドは、全室ダブルサイズなのでゆったり過ごせるし、レディースルームにはミストシャワー完備なのも魅力的。

大阪市浪速区難波中1-15-15　☎06-6647-1900　シングル¥9,000～（1名1泊朝食なし、税サ込み）　南海電鉄難波駅よりすぐ　www.ilcuore-namba.com/

南船場・松屋町・谷町エリアに便利な

151 | ホテルトラスティ心斎橋
ホテルトラスティしんさいばい/ホテル　MAP P29

石造りの外観が美しく、客室はスタイリッシュで快適な空間にゆったりくつろげます。特に、地下鉄心斎橋駅が近く、どのエリアにもラクに移動できます。この本に載っているお店を1軒でも多く巡りたいあなたにオススメ！

大阪市中央区南船場3-3-17　☎06-6244-9711　シングル¥10,400～（1名1泊朝食なし、税サ込み）　地下鉄御堂筋線心斎橋駅②出口より徒歩3分　www.trusty.jp/shinsaibashi/

152 | ホテルヴィラフォンテーヌ心斎橋
ホテルヴィラフォンテーヌしんさいばし/ホテル　MAP P29

リーズナブルでシンプルなビジネスホテル。なかでもスーペリアルームは広めの客室でおすすめです。アメニティが充実のレディースルームや朝食無料サービスがあるのもうれしいポイント。こちらも心斎橋駅からとても近いので便利です。

大阪市中央区南船場3-5-24　☎06-6241-1110　スタンダードルーム・レディースルーム¥7,500～（1名1泊朝食付き、税サ込み）　地下鉄御堂筋線心斎橋駅①出口よりすぐ　www.hvf.jp/shinsaibashi

とっておき情報　ホテルを賢く予約する…「一休.com」www.ikyu.com/、「じゃらんnet」www.jalan.netなどの予約サイトが便利。深夜チェックインで割安になるサービスを掲載する「大阪ナイトカルチャー」www.osaka-nightculture.comは、夜のイベント情報も豊富なので要チェック。

ZAKKAな
イベント&INDEX

シーズンごとのベストイベントが盛りだくさん

大阪の四季

春

お散歩が楽しいシーズン到来。
歩き回るなら、絶対この時期を逃さないで!
お買い物に疲れたら、お花いっぱいの公園に
テイクアウトのお弁当を持ってひと休みしよう。

3月

大阪城公園梅林見頃
…(2月中旬)〜上旬
東部方面公園事務所☎06-6941-1144　www.city.osaka.jp/yutoritomidori/

4月

造幣局桜の通り抜け
…中旬(1週間)
独立行政法人造幣局総務課広報室☎06-6351-5105
www.mint.go.jp

老松町古美術祭(春)
…4月または5月の2日間→P94

5月

御堂筋アートグランプリ
…中旬
www.mag-net.tv

初辰大祭(はったつたいさい)
…初辰の日→P13

中之島公園バラ園
…中旬(〜6月初旬)
北部方面公園事務所☎06-6312-8121　www.ocsga.or.jp/osakapark/(※平成21年3月末まで工事のため入園不可)

造幣局「桜の通り抜け」
大阪の桜の名所といえば、ここ! 満開になった時の風景は別世界のような美しさ。さらに、日没後のライトアップで、幻想的な風景に。

御堂筋アートグランプリ(MAG)
アート、デザイン、ダンス、ファッションのアーティストたちが御堂筋をステージにパフォーマンスをするクリエイティブな大イベント。

中之島バラ園
川の中州にあり、春と秋に89品種4,000株のバラが美しく咲き誇ります。バラの小道から広場まで、まるで都会の宝石箱のよう!

夏

暑さに弱い人は、日中はあまり
動き回らずお目当てのお店を目指して。
日が沈んでから、行動開始!
夜のイベントもたくさんあります!

音楽の祭日

プロ、アマ、ジャンルを問わない、全会場入場無料のライブコンサート。初夏の清々しい空気のなかで気軽に音楽と触れあって。

大阪城サマーフェスティバル

いろいろなイベントが盛りだくさんで、どれも気になって連日通ってしまいそう。時間も暑さも忘れるほど楽しいんです。

ギャルみこし

天神祭の盛り上がりイベント。女性だけで担ぐ通称「ギャルみこし」。元気で、にぎやかで、華やか!おそろいのはっぴで街を歩きます。

天神祭

一千余年の伝統を誇る日本屈指の祭典。25日は約100隻の船が大川を埋め尽くし、夜空には花火が。浪速っ子の心意気に満ちた夏の宴。

6月

音楽の祭日
…21・22日
音楽の祭日 日本事務局☎06-6456-1630 www.mediatv.ne.jp/ongakunosaijitsu/

愛染まつり
…30日(～7月2日)
愛染堂勝鬘院☎06-6779-5800 www.aizendo.com

7月

天神祭ギャルみこし
…23日
galmikoshi.com

天神祭
…24・25日
大阪天満宮☎06-6353-0025 www.tenjinsan.com/

大阪城サマーフェスティバル
…下旬(～9月上旬)
大阪城サマーフェスティバル実行委員会事務局☎06-6942-2004 www.osakajo-fes.jp

大阪城薪能
…下旬(8月下旬)
読売新聞大阪本社企画事業部☎06-6366-1848 www.yomiuri.co.jp/osaka-event

8月

なにわ淀川花火大会
…第1土曜日(例外有)
www.yodohanabi.com

法善寺横丁まつり
…10・11日→P20

水辺ナイト
…下旬→P15

秋

御堂筋の銀杏並木を眺めながら、
大阪の文化に触れませんか?
ゆったり、のんびり過ごしたいあなたに
ぴったりの季節です。

大阪クラシック

街のレストランなど15か所で大阪フィルハーモニー交響楽団のメンバーがボランティアでクラシック音楽を披露する素敵な1週間。

9月

- **彦八まつり**
  …第1土日
  上方落語協会☎06-6354-7727
  www.kamigatarakugo.jp/
- **大阪クラシック**
  …不定（1週間）
  大阪市ゆとりとみどり振興局☎06-6615-0686 www.city.osaka.jp/yutoritomidori/
- **岸和田だんじり祭**
  …敬老の日の直前の土日
  岸和田市観光振興協会（だんじり会館内）☎072-436-0914 www.city.kishiwada.osaka.jp/

10月

- 老松町古美術祭（秋）
  …10月または11月の2日間→P94

11月

- **四天王寺ワッソ**
  …第1日曜日
  NPO法人大阪ワッソ文化交流協会 ☎06-6371-8703
  www.wasso.net./
- **堀江音楽祭**
  …不定
  www.horie-ongaku.net/
- **ドイツ・クリスマスマーケット大阪**
  …中旬～（12月下旬）
  新梅田シティ総合インフォメーション☎06-6440-3899 www.skybldg.co.jp/
- **大阪ヨーロッパ映画祭**
  …下旬
  大阪ヨーロッパ映画祭実行委員会
  ☎06-6882-6211 www.oeff.jp

彦八まつり

大阪落語の始祖・米沢彦八の名にちなんだ、上方落語のお祭り。一般の方も参加して、わいわい盛り上げる演目が目白押し。

大阪ヨーロッパ映画祭

普段なかなか上映されない質の高い作品がラインナップ。観たい映画をチェックして、上手に予定を立てるのも楽しみの一つ。

ドイツクリスマスマーケット

ビルの谷間に現れた、本場ドイツのクリスマス。巨大ツリーを見上げながら、ホットワインと焼きソーセージで体も心もほっこり。

冬

街中が光のイルミネーションで覆われ、
大阪の街が美しく輝くクリスマス。
大阪ならではのお祭り“えべっさん”が
あるお正月。どちらも見逃せません。

OSAKA光のルネサンス

クラシックな建物が多い中之島を中心としたライトアップ。冬の空気の中に浮かび上がる、中央公会堂の歴史ある姿は感動的です。

十日戎

大阪の商売繁盛の護り神“えべっさん”のお祭り。宝恵駕籠(ほえかご)行列に福娘、ごった返す参拝客、その活気はまさに大阪!

高津宮とんど祭りと日本一(!?)の屋台たち

由緒正しい行事だけど、お目当てはグルメ屋台。フレンチにイタリアン…大阪の名だたる有名店が屋台を出すんです。なんて贅沢!

12月

OSAKA光のルネサンス
…初旬～下旬

大阪市総合コールセンター なにわコール☎06-4301-7285
www.hikari-renaissance.com/

1月

十日戎
…9・10・11日

今宮戎神社☎06-6643-0150
www.imamiya-ebisu.net

高津宮とんど祭りとグルメ屋台
…成人の日

高津宮 ☎06-6762-1122
www.kouzu.or.jp/

初天神梅花祭
…24・25日

大阪天満宮☎06-6353-0025
www.tenjinsan.com/

ジャンル別 I N D E X

ジャンル	店名	掲載頁-店番	map	エリア
子ども服 家具	swap meet market	P48-052	P43	堀江
ドッググッズ	dogstreet	P76-090	P73	中崎町
カメラ	トキワカメラ	P112-212	P109	日本橋
和紙 筆	丸山雄進堂	P25-026	P7	全体
紙	ウイングド・ウィール 心斎橋	P35-158	P29	南船場
紙	ペーパーボイス	P41-164	P29	南船場
手芸材料	クラフトワールド なんばパークス店	P25-025	P109	日本橋
手芸材料	La droguerie心斎橋店	P25-019	P29	南船場
テキスタイル	コーラル	P25-022	P29	南船場
ビーズ　ボタン	Paolo bottoni 大阪本社ショールーム	P25-021	P7	全体
ボタン	SUUSU	P25-017	P99	松屋町·谷町
リボン	リボンの館	P25-024	P29	南船場
生花	atelier spontanémnt	P71-188	P67	新町
生花	ジィール	P59-067	P53	靭公園
生花　キャンドル	ERI flowers and candles	P57-176	P53	靭公園
本	Berlin Books	P33-031	P29	南船場
本	MILBOOKS	P55-060	P53	靭公園
料理書	波屋書房	P111-137	P109	日本橋
本 カフェ ギャラリー	Calo Bookshop and Cafe	P64-077	P53	靭公園
洋書　輸入文具	FLANNAGAN	P33-030	P29	南船場
化粧品	サンタ·マリア· ノヴェッラ大阪	P32-155	P29	南船場
手品用品	マジックショップBUNNY	P95-206	P91	西天満
ビオショップ	Bio shop Vitabien	P64-076	P53	靭公園
ニットカフェ	Sept mignon	P25-020	P43	堀江
カフェ	アラビヤ珈琲店	P21-D	P21	法善寺
カフェ	cafe a vin LE BOIS	P87-106	P83	北浜
カフェ	cafe Mode	P51-058	P43	堀江
カフェ	北浜レトロ	P85-102	P82	北浜
カフェ	コーヒーカンタータ	P94-115	P91	西天満
カフェ	Confidence cafe	P79-096	P73	中崎町
カフェ	FETE	P33-156	P29	南船場
カフェ	丸福珈琲店 北浜店	P86-104	P82	北浜
カフェ	ミツバチ堂	P95-117	P90	西天満
カフェ	millibar	P70-084	P67	新町
カフェ	ロカリテ	P51-057	P43	堀江
中国茶カフェ	無茶空茶 館	P93-113	P91	西天満
和喫茶	kotikaze	P104-128	P99	松屋町·谷町
貸本喫茶	ちょうちょぼっこ	P50-056	P43	堀江

ジャンル	店名	掲載頁-店番	map	エリア
ブックカフェ ギャラリー	iTohen	P81-100	P73	中崎町
カフェ　ギャラリー	chef-d'oevre	P68-080	P67	新町
カフェ　ギャラリー	ロータスルーツ	P93-205	P91	西天満
カフェ　バー	ilha	P70-083	P67	新町
カフェ　バー	Café bar 巣バコ	P80-098	P73	中崎町
カフェ　バー	common cafe	P80-099	P73	中崎町
カフェ　パブ	Café pub ami	P63-075	P53	靭公園
カフェレストラン	山猫軒	P88-204	P83	北浜
カフェ 教室	アトリエ箱庭	P86-105	P83	北浜
バー	AB's CLUB	P58-177	P53	靭公園
バー	Bar Mint	P21-A	P21	法善寺
バー	PAPPABAR	P69-184	P67	新町
バー	tree BAR	P21-B	P21	法善寺
バー	バー立山	P62-074	P53	靭公園
ワインバー	luv wine	P22-A	P23	天満市場
バール	BALTHAZAR	P62-073	P53	靭公園
バール	Calvados	P87-107	P83	北浜
バール	CENTRAL BANCO	P38-161	P29	南船場
バール	baR pappA	P69-185	P67	新町
dish bar	かぶら	P23-B	P23	天満市場
日本酒 炭火焼	楽縁	P23-G	P23	天満市場
立ち飲み	肴や	P23-D	P23	天満市場
居酒屋	レトロ居酒屋ふしみ	P87-203	P82	北浜
イタリアン	Barbara	P114-144	P109	日本橋
イタリアン	TRATTORIA PAPPA	P69-186	P67	新町
フレンチ	Aのテーブル	P59-068	P53	靭公園
フレンチ	Bistro えくうす	P21-F	P21	法善寺
欧風料理	AB's食堂	P58-065	P53	靭公園
欧風料理	Barroco	P69-081	P67	新町
洋食	グリルしき浪	P112-140	P109	日本橋
レストラン	muse Osaka	P51-172	P43	堀江
懐石料理	本湖月	P107-135	P109	日本橋
和食	桃酔	P21-E	P21	法善寺
中華料理	酒中花 空心	P70-187	P67	新町
中華料理	外灘紅緑灯	P110-210	P109	日本橋
飲茶	上海食苑 本店	P23-E	P23	天満市場
ドイツ料理	Gasthaus 44	P69 082	P67	新町
ベトナム料理	ベトナム食堂 アイン	P47-168	P42	堀江

ジャンル	店名	掲載頁-店番	map	エリア
モロッコ料理 バー	Barbes	P61-071	P53	靭公園
うどん	道頓堀 今井	P115-146	P109	日本橋
そば	夕霧そば 瓢亭	P89-111	P90	西天満
カレー	梨花食堂 天満市場店	P23-F	P23	天満市場
串揚げ	串三昧 wasabi	P21-C	P21	法善寺
ホルモン串	マッスルホルモン	P23-C	P23	天満市場
焼売	一芳亭	P112-139	P109	日本橋
たこ焼き	蛸家	P36-159	P29	南船場
ハンバーガー	YOKOJI HAMBURGER	P62-181	P53	靭公園
焼き餅	相合餅	P114-143	P109	日本橋
パティスリー	GOKAN 五感	P84-101	P82	北浜
パティスリー	HANS	P37-160	P29	南船場
パティスリー	PASTICERIA PIANO PIANO utsubo-kohen	P55-174	P53	靭公園
パティスリー	BROADHURST'S	P105-130	P99	松屋町·谷町
パティスリー	ル·ピノー	P45-166	P43	堀江
ブランジュリー	Boulangerie IÉNA	P101-124	P99	松屋町·谷町
ブランジュリー	PAINDUCE	P63-182	P53	靭公園
八百屋	VEGE EUPHORIA	P60-070	P53	靭公園
ワイン	Fujimaru	P17-006	P109	日本橋
市場	黒門市場	P17-007	P109	日本橋
市場	天満市場	P22-014	P7	全体
商店街	空堀商店街	P101-123	P98	松屋町·谷町
商店街	千日前道具屋筋商店街	P110-136	P109	日本橋
商店街	松屋町筋	P106-133	P98	松屋町·谷町
寺社	生國魂神社	P13-002	P7	全体
寺社	四天王寺	P13-001	P7	全体
寺社	四天王寺 庚申堂	P13-004	P7	全体
寺社	住吉大社	P13-005	P7	全体
寺社	露天神社(お初天神)	P13-003	P90	西天満
寺社	どんどろ大師	P104-209	P99	松屋町·谷町
美術館	国立国際美術館	P65-078	P53	靭公園
ギャラリー	Oギャラリー eyes	P95-118	P90	西天満
ギャラリー	画廊 編 ぎゃらり かのこ	P113-142	P109	日本橋
ギャラリー	ギャラリー白	P93-114	P91	西天満
ギャラリー	GALLERY wks.	P92-112	P91	西天満
ギャラリー	浜崎健立美術館	P39-162	P29	南船場
ギャラリー	番画廊	P96-119	P90	西天満
ギャラリー	pichicri	P74-189	P73	中崎町

ジャンル	店名	掲載頁-店番	map	エリア
ギャラリー	ONE PLUS 1 gallery	P79-196	P73	中崎町
劇場	梅田芸術劇場	P19-009	P7	全体
劇場	大阪松竹座	P115-145	P109	日本橋
劇場	千日前TORII HALL	P18-008	P109	日本橋
劇場	国立文楽劇場	P107-134	P109	日本橋
落語	天満天神繁昌亭	P97-121	P7	全体
ホール	ザ·フェニックスホール	P89-110	P90	西天満
ライブハウス	鰻谷 燦粋	P19-011	P29	南船場
ライブハウス	NOON	P19-010	P7	全体
ライブハウス	ライブハウス シャングリ·ラ	P19-012	P7	全体
ウクレレ教室	Small Room Music	P39-040	P29	南船場
料理教室	Table Ocean	P60-179	P53	靭公園
ビル	生駒ビルディング	P84-200	P82	北浜
ビル	大江ビルヂング	P96-207	P90	西天満
ビル	大阪農林会館	P32-029	P29	南船場
ビル	高麗橋野村ビルディング	P84-199	P82	北浜
ビル	サクラビル	P74-087	P73	中崎町
ビル	高島屋東別館	P111-211	P109	日本橋
ビル	パイロットビル	P81-198	P73	中崎町
ビル	フジハラビル	P86-202	P83	北浜
ビル	味園ビル	P114-213	P109	日本橋
雑居長屋	スバコハイツ	P80-197	P73	中崎町
観光	難波橋	P85-201	P82	北浜
観光	法善寺横丁	P20-013	P109	日本橋
公園	靭公園	P54-059	P53	靭公園
公園	靭公園 西部方面 公園事務所	P54-173	P53	靭公園
公園	済美公園	P76-191	P73	中崎町
銭湯	葉村温泉	P77-192	P73	中崎町
レンタサイクル	うえまち貸自転車	P100-122	P98	松屋町·谷町
レンタサイクル	長堀サイクル	P40-163	P29	南船場
ホテル	堂島ホテル	P116-148	P7	全体
ホテル	ホテルイルクオーレなんば	P116-150	P7	全体
ホテル	ホテルヴィラ フォンテーヌ心斎橋	P116-152	P29	南船場
ホテル	ホテルトラスティ心斎橋	P116-151	P29	南船場
ホテル	ホテル日航大阪	P116-149	P29	南船場
ホテル	リーガロイヤルホテル	P116-147	P52	靭公園

スタイリスト
岡尾美代子さん × tapie style代表 玉井恵里子さん

独特なセンスと世界観にファンも多い
東京のZAKKAな達人、岡尾さんの目には
“ZAKKAな大阪”はどう映る?

人を幸せにする“かわいい”が この本には詰まっていますね。

玉井　大阪にいらっしゃることはありますか?

岡尾　大阪で仕事することもありますが、来てもトンボ帰りで…個人的にはなかなか。でも、『ZAKKAな大阪』を読んで、私がイメージする大阪の街と少し違ってワクワクします。

玉井　今までの大阪に対するイメージってどんな感じだったんですか?

岡尾　色でいうと、“グレー”かな。

玉井　それは、汚いっていうことで?

岡尾　そういう意味ではなく、ビルが建ち並び緑が少ないという印象からですね。

玉井　確かに。京都は山で囲まれているし、神戸も山と海があって、そういう意味ではグレーなのかもしれませんね。

岡尾　でも、この『靭公園（P54）』があるだなんて、知りませんでした! オフィス街にあるんですね。東京でいうと日比谷公園みたいなのかな。でもそれよりキレイかも。

玉井　『靭公園(P54)』は、春には桜が咲いてお花見客でにぎわうし、ビジネスマンや市民の憩いの場です。

岡尾　自然を感じられる場所があるのはとてもいいですよね。この公園の周りを散策してみたいです。

玉井　ぜひ! ほかに気になるところがありますか?

岡尾　そうですね…。私は旅をするといつも、その土地に古くからある喫茶店でコーヒーを飲むのが好きなんです。常連客の話を聞いたり、その土地の生活に少し触れられる気がします。なので、『丸福珈琲店（P86）』や『アラビヤコーヒ店（P21）』が気になります。雰囲気があって“かわいい”ですね。

玉井　岡尾さんが思う“かわいい“とは?

岡尾　喫茶店の雰囲気もそうですが、歴史やエピソードが感じられるモノに、“かわいい”と感じます。

玉井　それは、建物やインテリアという意味ですか?

岡尾　それも重要ですが、喫茶店のマッチ箱ひとつにしても“かわいい”が詰まっていますよね。

玉井　確かに、マッチ箱もかわいいモノが多いです。

岡尾　喫茶店の歴史やエピソードが感じられるように、仕事でも“そのモノが持つ雰囲気をそのまま伝えたい”と思っていつもスタイリングを考えます。

玉井　岡尾さんのスタイリングの秘訣ですね! 岡尾さんのスタイリングは、モノたちのよさや存在感が引き立って、岡尾さんの思いが伝わってきます。

岡尾　そう感じてくださるとうれしいです。

玉井　では、大阪の“かわいい”は東京の“かわいい”

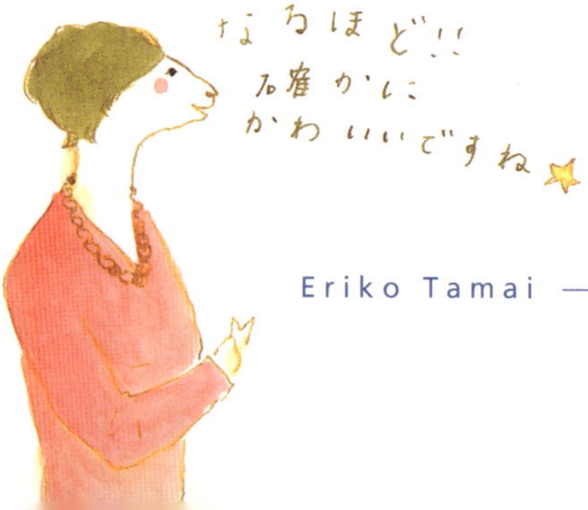

Eriko Tamai

とどこが違うのでしょうか?

岡尾　東京は、一つの“かわいい”を際立たせるために、ほかのアイテムをそぎ落としていくのが“かわいい”の表現だと思います。反対に大阪は、“かわいい”を重ねて“より濃く”追求していく感じだと思います。

玉井　確かに東京は基本的にシンプルだけど、何かポイントとして付けたり、飾ったりするくらいで、大阪はより華やかにさせるのが好きかもしれません。

岡尾　だから、“かわいい”への思い入れは、東京より大阪の方が大きいように思います。情を注いでいるというか…。個人的には、もっともっと関西人には“かわいい”を追求していって欲しいです!

玉井　そうですよね。あと、気になるのが岡尾さんの“かわいい”の見付け方!

岡尾　職業柄、普段お店に行くと新商品のチェックは欠かさないのですが、その時記憶するのではなく、ディスプレイごと目で覚えます。私は“記憶”でなくて“目憶”って言っているんですけど(笑)。

玉井　映像で捉えるということですか?

岡尾　そうなんです。そうして、街を歩き回り、“目憶力”を鍛えれば自然と“かわいい”が見付けられるようになりますよ。

玉井　大阪でも“目憶力”を鍛えられそうですか?

岡尾　もちろん! この本を読んでいると、知らない場所が多いので早く行ってみたいです!

玉井　『ZAKKAな大阪』では、道頓堀など、みなさんが思う“ザ・大阪”な場所には触れていないので、知らないと感じるかもしれません。

岡尾　確かにこの本には、東京の人が知らない“かわいい”大阪がいっぱい載っていて、魅力的です。

玉井　最近では、繁華街より少し外れたオフィス街に囲まれたエリアに、“かわいい”がたくさん集まってきているんですよ!

岡尾　まったく知りませんでした。

玉井　そうなんです。だから、新しくて“かわいい”が深い大阪を、もっと多くの方に知ってもらいたくてこの本を制作しようと思ったんです。

岡尾　大阪の“かわいい”が詰まった場所。それを想像しただけで楽しい気分になってきますね。

玉井　ぜひ、いらしてください!

岡尾　大阪へ来た時はこの本を持って、玉井さんやタピエスタイルのスタッフさんのとっておきの“かわいい”が詰まった場所へ出掛けてみます。

Miyoko Okao

スタイリスト
岡尾 美代子さん

洋服や雑貨のスタイリストとして活躍中。特に雑貨のスタイリングには全国にファンがいるほど。著書に『Room talk2(筑波書房)』などあり

さいごに

「“かわいい大阪“をまだ知らない旅行者や、
雑貨やカルチャーに興味のある人に役立つ
ガイドブックをつくりたい！」
構想から3年。この本は、様々な人との出会いと
思いによって完成しました。これを機に大阪という街に
もっと興味を持っていただけるとうれしく思います。

tapie style

かわいい発見ガイドブック
ZAKKAな大阪

2008年5月12日　第1刷発行

企画/著作・・・・・・・・・・・・・・tapie style
監修・・・・・・・・・・・・・・・・・・玉井 恵里子
イラスト・・・・・・・・・・・・・・・・松岡 文
取材&文&写真・・・・・・・・・・aina　IRIIRI　大野 亜矢子　小松 真里　佐藤 有紀
Shin　チームKGB　TRUИKS　徳好 琴美
玉井 恵里子　東 ゆうな　松岡 文　よしざき かおり

アートディレクション、デザイン・・古川 智基（SAFARI inc.）
デザイン・・・・・・・・・・・・・・・・錦織 朋子（SAFARI inc.）
写真（特集ページ）・・・・・・・・ヤマモト タカシ
マップ・・・・・・・・・・・・・・・・・・弓岡 久美子（あとりえミニ）
編集・・・・・・・・・・・・・・・・・・・北川 彩　服部 祐子
協力・・・・・・・・・・・・・・・・・・・山納 洋（大阪21世紀協会）
弘瀬 依子（上方芸能編集部）

発行人・・・・・・・・・・・・・・・・・内山 正之
発行所・・・・・・・・・・・・・・・・・株式会社西日本出版社
〒564-0044　大阪府吹田市南金田1-8-25-402
営業・受注センター・・・・・・・・〒564-0044　大阪府吹田市南金田1-11-11-202
TEL 06-6338-3078　FAX 06-6310-7057
http://www.jimotonohon.com/
郵便振替口座 00980-4-181121

印刷・製本・・・・・・・・・・・・・・株式会社ケイ・エスピー

定価はカバーに表示してあります。
乱丁落丁は、お買い求めの書店を明記の上、小社受注センター宛にお送りください。
送料小社負担でお取り替えさせていただきます。

本書の掲載内容は、2008年2月に取材を行ったものです。
その後変更の可能性もありますので、ご了承ください。

ISBN 978-4-901908-34-4　c0026